JN205480

仕事　婚活　面接試験……

一瞬で相手を引き込む

奇跡の声トレ

秋竹朋子 著

Gakken

はじめに

億万長者の男性を声で虜にした私の話

こんにちは！　ボイストレーナーの秋竹朋子です。

私はこれまで4万人以上の声を変え、そして人生も変えてきました。

どうして声を変えただけで人生が変わるのか？と思うかもしれませんね。でも、**声が変わる**と、**あなたへの評価がガラリと変わります。**頼りない人から信頼できる人へ、無愛想な人から愛嬌のある人へ、まるで別の人？と思うほど印象が変わるのです。


私自身がこれまで声で人生を好転させてきました。

あるとき、経営者の集まる講演会で、年収1億円超えの男性と知り合いになりました。彼は事業で大きな成功をおさめていましたが、声がコンプレックス。初対面で私の声が印象に残ったと連絡をくれたのです。そして、彼は私のアドバイスによって声のコンプレックスを克服。ビジネスにおいてボイトレの可能性を強く感じ、私に出資をしてくれることになりました。そして会うたびに声がいいと言ってくれたのです。実はこれが今の夫です。つまり私は、声だけで会社を立ち上げ、億万長者の男性を手に入れたと言えると思います。

20代の頃は何回もお見合いをしました。もちろん、お見合いでもお相手の雰囲気に合わせて、時にはかわいらしく、時にはしっかり者ふうに、相手が望みそうな声を使い分けました。その結果、**お見合いも100発100中。**お相手から必ずまた会いたいとのお返事をいただきました。結局お見合いでは結婚しませんでしたが、その後、今の夫を声で落とすことに成功しました（笑）。

現在はボイストレーナーとして、企業や経営者、一般の方まで幅広い層の方に、声を変えるためのお手伝いをさせていただいています。そのクライアントさんのほとんどが「はじめて会ったときの声を聞いて決めた！」と言って、連絡をくれます。

私は婚活もビジネスも、すべて声一本で勝負してきたといっても過言ではありません。声を自由自在にコントロールできれば人生が思い通りに変わります。それは私と、私のクライアントさんが証明しています。次はあなたの番です！

第一印象の４割は声で決まる！ メラビアンの法則

初対面の人が集まる場に出かけるときは、服装や髪型に気を配ります。もちろん、私もはじめての講座や、知らない方々が集まる異業種交流会などに参加するときには、相手にいい印象を与えるようにきちんとした服装をしていきます。

でも、後でみなさんにお話を聞くと、私の服装を覚えていらっしゃる方はほとんどいません。みなさん私の声が印象に残ったとおっしゃるのです。

多くの人は見た目でほぼ9割の印象が決まる、と思い込んでいると思います。もちろん見た目も重要な要素です。でも**実は、声も第一印象を左右する大きなファクターだということが証明されています。**

それが「メラビアンの法則」です。

アメリカの心理学者のアルバート・メラビアン氏は、はじめて人と会ったとき、相手の情報が少ない場合、人はどこからの情報を優先して相手がどんな人物であるかを判断するか、を研究しました。

その結果がこれです。

「見た目・表情・しぐさ」 55％

「声の質・速さ・大きさ・口調」 38％

「話す言葉の内容」 7％

見た目は半分を占めますが、声や話し方もそれに次いで約4割も占めています。「話す言葉の内容」はたったの7％。見た目が9割と考えていた人にとっては驚きの結果ですよね。

相手に良い印象を与える声で、速さや大きさ、話し方に気をつければ、声だけではじめて会った相手の記憶に残る人になれるのです。

初対面では何を話すかよりも、どう話すかのほうが大切だということがこの研究からわかります。

いい声は相手に対する思いやり。はきはき通る声で印象9割アップ

小さい声でぼそぼそと話す人。

はきはきと通る声で語りかけてくれる人。

あなたはどちらの話を聞きたいですか？　また、どちらの話を信頼するでしょう？

みなさん、後者の「はきはきと通る声で語りかけてくれる人」を選ぶと思います。

同じ内容を話しても、声を変えるだけで人に与える印象が変わります。

小さい声でぼそぼそと話せば、初対面だと印象にさえ残らないかもしれません。特にビジネスにおいて第一印象のいい人とは、「この人の話を聞いてみたい」「この人となら仕事をしたい」と思える人。見た目がいくらイケメンでも、声が小さかったり、何を言っているのかわからなければ、一緒に仕事をするのは不安に思うでしょう。

やはり仕事を成功させたいと思ったら、自信にあふれ、頼りがいのある人物です。

内面の魅力は見た目以上に声の印象で判断されてます。

私の経験では、仕事ができる人ほど声の重要性をよくわかっていますし、そのために努力もしています。**ある企業の成績優秀者が集まるセミナーで会った方々は、みなさんよい声の持ち主でした。やはり、声とビジネスは比例していると実感**しました。

声は、ビジネスはもちろん、婚活のシーンでも欠かせません。私は、実はボイストレーナーのほかに、婚活アドバイザーとして、男性、女性、それぞれに幸せなパートナーを見つけるためのアドバイスもさせていただいています。なかなかマッチングできない人に多いのが、声がぼそぼそと小さく、無愛想に見えてしまうこと。見た目は美人さんだったり、好青年だったりするのです。婚活がうまくいかない人の中には、話す前までは高評価でも、話した途端、次に続かない人は少なくありません。

みなさんも声が小さく聞き取りづらい人といっしょに過ごしたいとは思いませんよね？　相手にとって聞き取りやすい声で話すことは、相手への思いやりです。

ビジネスでも、婚活でも、相手への思いやりを声で表す、つまり相手の聴覚に届くよい声で話せば、人生がプラスに動き出します。

声は生まれつきではない。今すぐ思い通りに変えられる

「声が低い」「だみ声」「声がこもる」「滑舌が悪い」、そんな声をコンプレックスに思っていませんか？　でも、声は生まれつきだから変えられない……。そう思い込んでいる人がほとんどかもしれません。

そんなことはありません！　**声はトレーニング次第で、誰でも変えることができるんです。**本書で紹介する方法を実践すれば、たった1分で声を変えることができます。

声を変えることは、それほど簡単なことなのです。

最近はフィットネスブームです。体型を変えるためにスポーツジムに行ったり、ヨガ、ランニングをするなど体を鍛える人がとても増えています。毎日続けることは大変でも、体型、つまり見た目を変えるためには、多くの人が努力を惜しみません。

でも声のトレーニングはどうでしょう？　「声は生まれつき」と思って、「声を変え

「声」は大切なビジネススキルです!!

開校16年

る」こと自体、考えも及ばないかもしれません。

でも、**私のこれまでの経験から、声をトレーニングすると体を鍛える以上に、人間関係が変わります。人間関係が好転すれば、ビジネスもプライベートももっと充実します。**私が指導をしてきた4万人の方のほとんどが「自分の声が好きになった」「自分に自信が持てるようになった」「仕事が楽しい」「毎日が幸せに感じられる」と、声を変えただけで、人生が好転したと話してくれます。

ついでにお伝えすると、いい声が出せるようになると自然にお腹から声を出せるようになり代謝も上がるので、ぽっこりお腹がへこみ、やせたといううれしい報告もたくさん寄せられています。

本書では、あなたが生まれつきだと思い込んでいる声の悪いクセを、さまざまな方向から直していく方法を紹介しています。難しいトレーニングはひとつもありません。まずは自分の問題は何かを知って、ボイトレを始めてください。きっと思わぬ奇跡があなたの日常に起こるかもしれません。

本書でビジネスもプライベートも、人生がうまくいく声を手に入れましょう。

CONTENTS

Prologue

なぜかいつもうまくいく人の共通点は声だった！

Chapter 1

小さいこもり声を正して自信に満ちた人になる

Chapter 2

滑舌悪い〝噛みトーク〟を変えて説得力を上げる

Chapter 3

明日からすぐできる 印象に残る話し方のコツ

Chapter 4

シーン別 声テク
お願いごと、叱る・ほめる、恋愛、子どもへの声かけ

STAFF
ブックデザイン／原田恵都子（Harada＋Harada）
マンガ・カバーイラスト／ヤギワタル
本文イラスト／マツムラアキヒロ
撮 影／徳永徹
動画製作／今井洋子
ヘアメイク／土方証子
構 成／麦秋アートセンター
編集・取材／山本美和
企画編集／小中知美（Gakken）

Prologue

なぜかいつも
うまくいく人の
共通点は声だった！

同じ話をしても聞いてもらえる人
聞いてもらえない人の違い

あなたはこんな悩みを抱えていないでしょうか？

- おとなしい人だと思われる
- 相手になめられる
- 大事なプレゼンを任せてもらえない
- 子どもっぽく見られる
- 無愛想で感じが悪いと言われる
- 怖そうだと敬遠される
- 大勢の中で目立ちたいのに、何を発言しても目立たない

自分ではそんな気はないのに、相手から勝手に〝この人はこういう人間だ〟と決めつけられてしまうことがあります。たとえ服装を変えてもその印象は変わりません。

では人は何で印象を決めているのでしょうか？　その正体が〝声〟です。

まったく同じ内容を話しても、聞いてもらえる人と聞いてもらえない人がいます。その違いは何でしょう？　その違いは〝声〟の質や大きさ、話し方にあります。

いい声の人は信頼される、それは政治の世界でも同じ。アメリカ元大統領・オバマ氏の声は、舞台俳優のように遠くまで響き、聞き取りやすくクリアです。聴衆を引き込む魅力的な声の持ち主でしたが、はじめて聞いたときから、声のトレーニングをかなりしていることがわかりました。実際にアメリカの大統領は、リーダーのための「プレジデント・ボイストレーニング」を受け、説得力のある声や話し方をトレーニングしているそうです。

政治の世界でも、ビジネスの世界でも、人生がうまくいっている人ほど、声の重要性を知っています。だからこそ、成功者ほど声のいい人が多いのです。逆を返せば、声をよくすれば、人生の成功が手に入ります。これまで**声が変わって人生がまわり出した方を多く見てきた私が、〝声は運命を左右する〟と断言します！**

自分の声を知ることからはじめよう

「あなたの声はどのタイプ?」チェックテスト

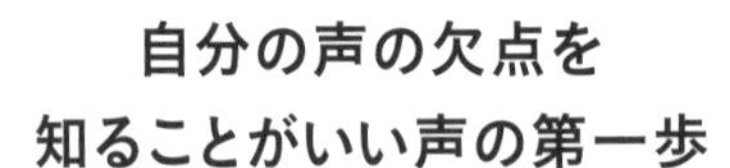

自分の声の欠点を知ることがいい声の第一歩

あなたは自分の声が好きですか？　この質問をすると日本人の９割の人が自分の声を好きではないと答えます。普段、聞いている自分の声と、客観的に録音された声はまったく違うので、その声を聞いて愕然とする人も多いでしょう。今のあなたの声が一体どんな声なのかをチェックしてみましょう。そうすることで、声の何を改善すればよいのかが見えてきます。自分の声を知る。それが声トレの第一歩です。

第2問

A、B、C の中で、それぞれ当てはまるものにチェック

当てはまった項目が多いのがあなたの声の問題点。チェックの数が同数の場合、どちらにも問題があるので、A→B→Cの順番でトレーニングを始めましょう。

A
自信なさげな虚弱声タイプ

- □ 印象が薄いと言われる
- □ 人前でのプレゼンが苦手だ
- □ 声が小さいと注意されることが多い
- □ 話を聞き返されることが多い
- □ いつも顔色が悪い

→P20を読んで!

B
はっきりしないもごもご声タイプ

- □ 年齢よりも老けて見られる
- □ 疲れてる?とよく声をかけられる
- □ 二重あごだ
- □ 頼りないと言われる
- □ ろれつが回らないことがある

→P22を読んで!

C
暗めな印象の無愛想声

- □ 第一印象で損をすることが多い
- □ はずれくじを引きがち
- □ 暗いと言われる
- □ 友だちが少ない
- □ よく怒っているの?聞かれる

→P24を読んで!

Ⓐタイプの虚弱声さんは

腹式呼吸をマスターして伝える力を倍増させる

Aの項目にチェックが多かった人は、発声するときの呼吸が原因です。

呼吸には胸を動かして息を吸ったり吐いたりする胸式呼吸と、お腹を使って呼吸をする腹式呼吸があります。印象が薄い、自信がなさそうと言われる人の多くは、胸式呼吸で話しているので、音量が小さく通らない声になるのです。

赤ちゃんは「おぎゃー」と大きな声で泣きます。赤ちゃんがなぜあんなに響く声で泣けるのかというと、それは腹式呼吸をしているからなのです。誰でも赤ちゃんのときは腹式呼吸で発声ができていました。ところが、年齢を重ね、話す機会が少ない人ほど胸式寄りの発声になります。

言語には声帯を振動させる「有声音」と声帯を振動させない「無声音」があります。

日本語は「有声音」が中心の言語です。声帯を震わせるだけで声を出すことができるので、たくさんの吐く息を必要としません。そのため、日本人は息をたくさん吐く必要がなく、ラクな胸式寄りの呼吸になりやすいのです。

一方、英語、フランス語、中国語など、日本語以外の言語の多くは「無声音」です。腹式でたくさん息を吐きながら発声しなければ言葉になりません。

「日本人は声が小さい」と言われるのは、その恥ずかしがりやな性格だけでなく、胸式呼吸で話していることも原因となっているのです。

声が小さければ、いくらよい内容を話しても相手の印象に残りませんし、自信がなさそうに見えます。そんな悩みを解決するのが、腹式呼吸で「吐く息に声をのせる」発声法。吐く息に声がのせられるようになると、遠くへ通る声になるので、聞き手にとっては聞き取りやすく、説得力のある声に聞こえます。

Aのチェック項目が多かった人は、Chapter1のプログラム（P42〜）を取り入れて腹式呼吸発声をマスターしましょう。あなたの第一声に注目が集まるようになります。

Bタイプのもごもご声さんは

滑舌の悪さの解決には舌筋と表情筋を鍛える

歩くとすぐに疲れる、階段の上り下りがキツイ……、運動不足や加齢とともに体の筋肉は衰えます。でも衰えるのは体だけではありません。同様に表情筋や舌の筋肉も衰えるのです。Bの項目にチェックが多かった人はその可能性大。舌を動かさないまま放っておけば、話すたびに噛む、滑舌の悪い声になります。声年齢が実年齢より老けて感じますし、くぐもった不明瞭な声になるでしょう。

また、**加齢だけでなく、一日中パソコンと向き合ったままなど、ほとんど話す機会のないIT関係の職業の人も舌や表情筋が衰えている人が多くいます。**

そんな滑舌が悪い人にまず行ってほしいのが、表情筋と舌筋を鍛えるトレーニングです。口まわりの筋肉がかたくなると、話したい言葉に合わせて口を動かすことができず、声は小さくなるし、発声も不明瞭になります。

舌に意識を向けて話してみると、言葉を発するたびに舌がよく動くのがわかるでしょう。ところが舌がかたくなれば、舌の動きが悪くなりますから、思うように話せなくなるのは当然です。

思った言葉を思ったように、明瞭で滑舌よく話すためには、表情筋と舌筋をスムーズに動かすことが大事。ここがほぐれるとグンと話しやすくなるのがわかるはずです。

表情筋と舌がよく動くようになったら次は滑舌の練習です。日本人に苦手な「ラ行」や「サ行」を中心に、自分の苦手な言葉を毎日少しずつ練習すると、噛みづらくなりますし、言葉がスムーズに出てくることに驚くかもしれません。

舌と表情筋のトレーニングは声だけでなく、見た目にもいい変化があらわれます。

顔まわりの血行がよくなるので肌がキレイになったり、顔が引き締まったり、二重あごがスッキリするなど、その美容効果ははかりしれません。

Chapter2のプログラム（P82～）で、口まわりの筋肉をほぐしながら滑舌ポエムを練習して、人から頼られる声をつくりましょう。

Ⓒタイプの無愛想声さんは

言葉の抑揚、スピードなど話すときに変化をつけて心をつかむ

Cの項目にチェックが多かった人は、何もしていないのに不機嫌に思われたり、人に敬遠されたり、話せば話すほど印象を悪くしてしまう可能性があります。

そんな人は話し方が単調。抑揚がなく、声の大小もなく、一本調子で話していないでしょうか？　この声のままでは、自分の気持ちとは裏腹にやる気がなさそうに感じるので、特にビジネスでは損をすることが多いかもしれません。

言葉には表情があります。緩急をつけたり、大きさを変えたり、声に表情をつけた途端に、人があなたの声に耳を傾けてくれるはずです。話し上手な人はみなさん、声の表情がいろいろ変わります。だからこそ、話に引き込まれていくのです。

最近、オーディオブックが人気ですが、聞いたことはあるでしょうか？　小説の盛

り上がりに合わせて、声の抑揚やトーンが変わることで、話の中にどんどん引き込まれていきます。もし、読み手が一本調子の暗い声だったら、いくらおもしろい小説でも、ただのつまらない物語になってしまうかもしれません。

このように、**話す内容以上に、声の表情を変えることで受け手の印象は変わります。**第一印象から相手にいい印象を与える練習がChapter3で紹介する、話し方のコツのプログラム（P124〜）です。

- **単語の頭で息を吐いて、クリアに声を届ける**
- **大事な言葉を強調して話す**
- **大事な言葉の前に間を取る**

話すときに自然にこのようなテクニックを使えるようになれば、あなたは声の達人。Chapter3のテクニックをマスターした頃には、あなたの印象は驚くほどガラリと変わっていると思います。

声の弱点を知るには、録音をするのがいちばん！

録音をした自分の声に違和感を覚える人は多いでしょう。
なぜなら、普段自分で耳にしている声は、体内で骨伝導を伝わって聞こえてくる声だからです。ところが録音された声は、ほかの人の声のように空気を伝わって聴覚に響いてきている音。録音をすると「変な声だな」と感じるのは当然です。

では、どちらの声があなたの声なのでしょうか？　あなたの印象を決定づけている「本当の声」は、みんなが耳にしている、つまり録音されているほうの声なのです。
多くの人は、自分に聞こえている声と、まわりに聞こえている声が、大きく違うことに気づいていません。

しかし、本書で私たちが目指しているのは、声で印象を変えて、成功を引き寄せること。まわりの人が聞いている「本当の声」を変えなければならないのです。そのために始めるべきは、自分の声を録音してその声を聞き、弱点を知ること。まず、苦手な自己紹介を録音してみましょう。こんなに聞き取りづらいの?と驚くかもしれません。特に普段から、人から聞き返される人は自分の声がどうやって相手に届いているのかを聞いてみると、その理由がよくわかります。

録音をして自分の声を聞くのに抵抗がある人も多いでしょう。でも、今の声を聞いて弱点を知らなければ、どこを直せばよいのかがわかりません。

恥ずかしくても、面倒でも、声を変えるために録音は必須なのです!

また、録音するときには、どんな機器を使ってもよいでしょう。最近は、無料のスマホアプリもたくさんあります。中でも声の波形が表示されるスマホのボイスメモアプリがおすすめです。メーターの振れ方が小さければ、胸式呼吸寄りで、大きければ腹式呼吸で話せていることがわかるので便利です。

本書の使い方

本書では声がよくなって人生が好転した実例集、なぜそうなったのかの解説、そして印象に残る声を出すためのトレーニング法、ＳＴＵＤＹを紹介しています。特にＳＴＵＤＹでは18ページでわかった弱点をもとに３つの目的に分けています。

1. 腹式呼吸に声をのせる
2. 舌筋と表情筋をほぐして、滑舌をよくする
3. 話し方のコツをマスターする

動画もチェック！

この３つの章で紹介しているトレーニング法は、いつも著者がセミナーで教えているように動画でも見ることができます。動画といっしょに、発声や滑舌、話し方の練習を行ってみてください。１回やるだけでご自身の声に変化が出るはずです。

下記の二次元コードにアクセスして、動画サイトにアクセス！　取り組みたいトレーニング法を選んでクリックして動画をスタートさせてください。

スマホで
アクセスする
だけ！

※動画サービスは、予告なく変更されることがあります。

Chapter 1

小さいこもり声を正して自信に満ちた人になる

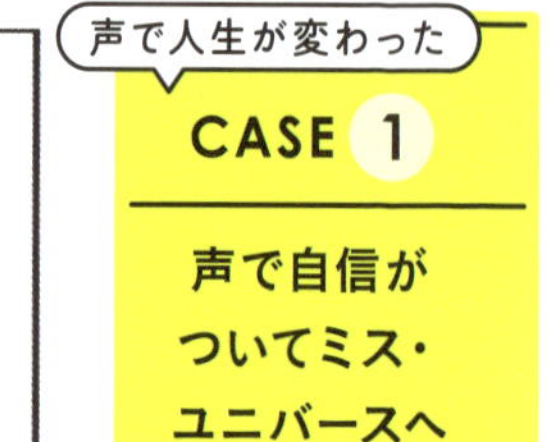
声で人生が変わった
CASE 1
声で自信がついてミス・ユニバースへ

子どもも大きくなってきたし…
いってらっしゃい
うん
何かに挑戦してみよう

ミス・ユニバース
私にも応募する権利はあるよね

自己PRの動画を送らなきゃ
私は一人で子育てしてきました…

…
声が震えちゃってる
私は…

ミス・ユニバースは見た目より自分をPRできるかが大事…
ウーム…

ボイトレで声を鍛えてみよう！

ボイストレーニングへ！
お願いしまーす

はい！よろしくお願いします！
こちらへどうぞ!!
声通る…！

声が震えてくぐもってますすね
そうなんです!!

じゃあ、まずはお腹から声を出す練習をしましょう
マーライオンが水を吐くように声を出してみて！
マー！
そう!!

よし！これで送ろう
私はこれまで…

数週間後…

最終審査にお越しくださいだって！
ママすごいじゃん

声で人生が変わった

CASE 2

あがり症の会社員が転職に成功

腹式呼吸で大きな第1声が出て緊張がとれ、自信ある声になった

人前に出ると緊張してしまって声が小さくなり、もごもごとこもった話し方になってしまい、会議の発表が苦手だった40歳の会社員、鈴木健斗さん（仮名）。

彼はもともと小さい頃に吃音があり、話すことに苦手意識を持っていたのです。声を聞いてみると、典型的な胸式呼吸。声に自信が感じられません。

そこでまずは徹底的に腹式呼吸の練習。そして、ある会議の発表の日。練習をした**腹式呼吸にのせて第一声を発すると、会議室の奥まで響く大きな声が出たことにご自身が驚いた**そうです。その第一声で緊張がとれ、後はすらすらと言葉が口から出て、出席者がはじめて自分の話に真剣に耳を傾けてくれたといいます。

それ以来、**スピーチをしたり、人とコミュニケーションをとったりすることが楽しくなり、引っ込み思案な性格が一変。**友人も増え、転職にも成功。腹式呼吸発声で声に自信がつき、毎日が充実しているそうです。

声で人生が変わった

CASE 3

早口社長が社員の信頼を回復

早口で聞き取りにくい話し方が一変。説得力のある発声で信頼を集めた社長

あるＩＴ企業の社長秘書の方からの依頼。その会社の社長は若くして成功した優秀な方。でもかなりの早口で、滑舌も悪く、せっかくいいお話をされても、言葉が聞き取りづらく今ひとつ相手に届いていないようだといいます。このままでは企業のトップとして損をしてしまうのではと、心配してご連絡をくれたのです。大きな会議などの重要なシーンで、聞き取りづらい声で早口でまくしたてられたり、話している最中に何度も噛むと、相手に「この人に任せて大丈夫かな」という不安感を与えてしまいます。

そこで、腹式呼吸をベースに呼吸をコントロールして、早口にならないようにするトレーニングをしました。もともと声の通りのいい、美声の持ち主だった社長。頭のよい方ですから、すぐに腹式呼吸を自分のものになさいました。

今では**説得力のある声で周囲の信頼を勝ち得て、ＴＶのビジネス番組にも出演。**その際も、もう早口ではなく落ち着いたすばらしい声で話していらっしゃいました。

声で人生が変わった

CASE 4

社内プレゼンで
社長直々に
ほめられた！

小さなくぐもり声が改善、社内外で高評価を得るプレゼンに

今まで事務職として地道に成績を上げてきた井上一樹さん（仮名・40代）。順調に出世をして管理職になり、人前で発表する機会が増えました。ところが、今まで事務職だったので大勢の前で話した経験がありません。いざ発表の場面になると、ぼそぼそとこもった小さな声で、頼りない印象を与えてしまう……。そんな「自信のない印象の声を変えたい」と相談にいらっしゃいました。

実際に声を聞いてみると、長い事務作業主体の生活で、吐く息にのせて声を出すことを忘れ、ほとんど胸式呼吸が中心です。そこで腹式呼吸の吐く息に合わせて、声を出すトレーニングを行いました。そして後日、会議での発表後、**社長から直々に「君もやっと仕事に自信を持てるようになったんだね」とほめられた**そうです。他社の方からもプレゼンが聞き取りやすくてよかった、と社内外で高評価を得られて、**今ではしゃべることが得意になった**とおっしゃっています。

声で人生が変わった

CASE 5

昇進も勝ち得て頼りにされる会計士に！

通らない声から相手の心に響く声になり、昇進試験にも合格！

ある会計事務所に勤める公認会計士の田辺慎吾さん（仮名・30代）が、マネージャー昇進試験を受けることになり、あわててボイトレにやってきました。昇進試験では役員の前でプレゼンをしなければいけないとのこと。自分のこもった声では説得力がないと悩んでいたのです。聞いてみると田辺さんの声は、こもった声で聞き取りづらく、滑舌も悪くよく通りません。胸式寄りの呼吸を使って口先だけで話していたことが原因でした。そこで田辺さんには正しい呼吸法である腹式呼吸で話す方法、そして舌のトレーニングを徹底的にマスターしてもらったのです。するとどうでしょう！

彼の声はよく響く低音ボイスに変わったのです。**声だけで、仕事を任せたくなるような自信にあふれた印象に。**もちろん昇進試験に合格し、**正しい呼吸を使った話し方をマスターした今では、頼りにされるマネージャーとして活躍**されています。

「腹式呼吸発声」なら、はじめの一声で相手の心をグッとつかめる

同じことを言っているのに、注目を集める人とそうでない人がいます。

彼らの大きな違いは呼吸法です。呼吸はおもにお腹まわりの筋肉を使う「腹式呼吸」と胸まわりの筋肉を使う「胸式呼吸」の2つがあります。**よく通る、印象的な声を出すためのポイントは「腹式呼吸」ができているかどうかにかかっているのです。**

声は吐く息にのって外に出てきます。それを波に乗るサーファーに例えてみましょう。波が吐く息、サーファーが声です。波が小さければ、サーファーはほんの少ししか前へ進めません。ところが、ビッグウェーブ（大きな波）に乗ったサーファーはどうでしょう。大きな波に乗ってダイナミックに前へと進みます。そしてその波に乗る姿は相手の記憶に残るほど印象的です。

声も同じ。たっぷりと腹式呼吸で吐いた息に声をのせれば、遠いところにまで届くように、大きな声を出すことができ、人の印象に残ります。

でも自分が話しているときに、胸式呼吸か腹式呼吸かどちらで話しているのか、わからない人も多いのではないでしょうか。

そこで、次の文章を読んでチェックしてみましょう。普段話しているときと同じ声の大きさで、ひと息で読むのがポイント。息継ぎをしたらいけませんよ。

「ハハハ　ある日　昼に　ニヒルな母　アヒルにひるんで　ハハハハハと笑った」

ひと息で言えましたか？　もし言えなかったら、腹式呼吸発声ができていない可能性があります。

この一文にはハ行がたくさん含まれていますが、ハ行はほかの音に比べて、よりたくさんの息を必要とします。そのため、ハ行が途切れてしまう人は、普段から胸式寄りの呼吸で話している可能性が高いのです。

腹式呼吸のトレーニングで吐く息を増やせば、第一声から人の心をつかむ、自信に満ちあふれた輝く声になるでしょう。

小さい声で話している人は胸だけで発声、腹式呼吸なら声が通って自信がつく

普段私たちは、無意識にお腹で息をたっぷり出し入れする「腹式呼吸」と、胸まわりの筋肉だけを使う「胸式呼吸」を併用して話しています。その使い分けの割合は、人によってそれぞれです。

中でも「声が小さい」「人によく聞き返される」と悩んでいる人の多くは、息の吐く量が少ない胸式寄りの呼吸で発声しています。だいたい日本人の約半分は胸式で話し、特に大きな声を出すことの少ない女性の場合は、6割以上の人が胸式寄りの呼吸で話しているといわれているのです。

ではなぜ、日本人には胸式呼吸で発声する人が多いのでしょう?

それは、たくさん息を吐かなくても話すことができる、日本語特有のアクセントと深い関係があります。

例えば「アメ」という単語を思い出してください。私たちはお天気の「雨」なのか、

お菓子の「飴」なのか、どちらかの音を「高くする」か「低くするか」、その声の高低の違いだけで、2つの言葉を使い分けています。

このように**日本語は音の高低さえ変えれば、息の量をたくさん吐かなくても、簡単に発音することができてしまう世界でも珍しい言語。**そんな特性があるため、私たちはいつの間にかラクな胸式呼吸がクセになりがちなのです。

一方、英語やイタリア語などは、息に強弱をつけることで単語を発声します。強いアクセントの言葉を話すときには、息をしっかり吐かないと発音ができません。そのため、話すときには常に腹式呼吸で発声する必要があるのです。

私たち日本人も、赤ちゃんのときは「オギャー、オギャー」と腹式呼吸で泣いていました。ところが、息をあまり吐かない日本語を話しているうちに、すっかり腹式呼吸を忘れてしまうのです。

胸式呼吸がクセになっていると、当然声をのせる吐く息が少なくなります。そのため、いつもぼそぼそと、小さな声にしか聞こえません。**それを腹式呼吸に変えて発声するだけで、声が通るように**なります。**すると、みんなが自分の話に耳を傾けてくれるようになり、話すこと自体に自信が持てる**ようになるはずです。

腹式呼吸は世界一簡単なセルフ美容法。体重もぽっこりお腹もお肌も変わる！

「実は私は3人の子どもを出産しています」、そういうと、みなさん驚かれます。3回とも産後太りとは無縁です。これはもちろん、腹式呼吸をベースにした発声が当たり前になっているおかげです。毎日、**腹式呼吸で声を出しているだけで特別な運動はしていませんが、いくら食べても太りません。**

その効果は私だけでなく、腹式呼吸発声をマスターした方のほとんどに現れる、うれしい効果のひとつです。

その理由はいくつかあります。まずひとつ目。腹式呼吸はお腹からたくさんの空気を出し入れするため、基礎代謝が活発になり脂肪を燃焼しやすくなります。

2つ目は呼吸に関わる呼吸筋といわれるインナーマッスルを使うこと。インナーマッスルがぽっこり出ていたお腹を引き込んで、下腹をペタンコにへこませてくれます。お腹やせの定番メソッド・ドローイン（常にお腹をへこませて深い呼吸を続ける方法）を、話している間じゅうやっているようなものですから、お腹がへこまないわけはありません。

腹式呼吸発声のいい効果はそれだけではないのです。呼吸に合わせて表情筋をよく使うので、**加齢とともに気になる顔のたるみやほうれい線も改善**します。顔の血行もよくなるので、お肌もツヤツヤ。つまり、**腹式呼吸発声は、最強のアンチエイジングツールにもなるのです。**

毎日、腹式呼吸の発声トレーニングをしてくださった、ある40代のOLさんもその恩恵を受けたひとり。発声法を変えただけで、何をやっても変わらなかった体重やウエストサイズが減ったそうです。女性の場合、40代になると代謝が落ちてやせづらくなるのですが、腹式呼吸の発声法をしていれば、その効果は年齢に関係ありません。

腹式呼吸で話せるようになると声はもちろんですが、見た目が変わります。前述したように、人は見た目と声が変われば90％以上の確率で良い印象に変わることは間違いありません。さあ、声と見た目を変える腹式呼吸発声のレッスンを始めましょう。

自信に満ちた声になる1分プログラム

腹式呼吸と発声法をマスターしよう

STUDY 1-1 腹式呼吸の感覚を自分のものにする

温かい息を吐く

STUDY 1-2 息に瞬発力をつけて発音をはっきりと

スッスッスッ呼吸

STUDY 1-3 吐く息にしっかり声をのせる練習

カメハメハ〜発声

STUDY 1-4 音量を変えてもよく通る声に

カァ〜カァ〜カラスの鳴き声

STUDY 1-5 遠くへよく響く声をつくる

マーライオン発声

STUDY 1 - 1

腹式呼吸の感覚を自分のものにする

温かい息を吐く

POINT

お腹を使って息を吐き出す、腹式呼吸の基本練習です。寒さでかじかんだ手を温めるイメージで、お腹をへこませながら「はぁーーーー」と息を吐くのがポイントです。そのとき、息を吸うことでなく、吐くのを意識すること。息を吐けば自然に鼻から息が入ってきます。一度に5回行なえば十分ですが、一日のうち最低2回は練習を！

手に息を吐くだけで腹式呼吸に

❶ 右手をお腹の上に、左手を口から5㎝前に持ってくる。

❷ 手を温めるイメージで「はぁーーーー」と5秒間息を吐く。5回。

息を吐くときにお腹を上手にへこませられない場合には、最初は右手でお腹を押してへこませながら、息を吐く練習をしましょう。

STUDY 1-1 解説

呼吸と声の仕組みを知れば、声の出し方がわかる

よく通る声を出すためには腹式呼吸が欠かせません。**空気を力強くお腹から出すことができれば、ハキハキと通る声に変わります。**

なぜなら、吐く息の量が増えれば、声帯を大きく振動させることができ、クリアで通る声を出すことができます。

人は肺から空気を出し、その空気が声帯を振動させて声のもとをつくります。胸式呼吸では胸まわりの狭い範囲で空気の出し入れをしているので、肺にたくさんの空気を入れることができません。息の量が少なくなれば、息の勢いがなくなり、声帯の振動は小さくなり、ぼそぼそとした声になります。

お腹を使う腹式呼吸では、吐く息の量が増え、息を出したときに声帯が振動して、クリアで聞き取りやすい声になるというわけです。息のコントロールもしやすくなり滑舌もよくなります。

発声のメカニズム

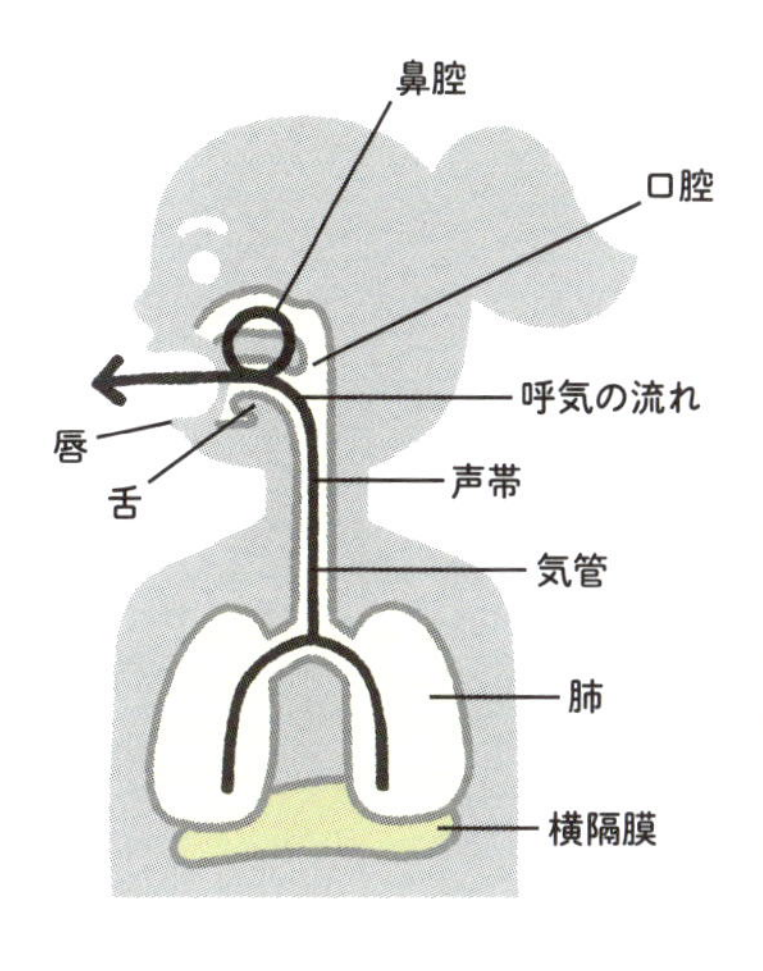

①肺から出た空気（呼気）が横隔膜の収縮でコントロールされて、上部に送られる（呼吸）。②気官を通った呼気が声帯にぶつかり、そこを振動させて声のもとになる音をつくる（発声）。③音になった空気が、鼻腔、口腔などの空洞で響く（共鳴）。④舌や唇を使って、音が言葉になる（発音）。

胸式呼吸を腹式呼吸に変えるだけで声の印象は80％アップするともいわれています。腹式呼吸の発声法を練習する前に、声が出る仕組みを説明しましょう。それを理解することで、これまで無意識に胸式寄りで出していた声を、腹式呼吸に変えて出す方法がイメージしやすくなります。

上の図をイメージしながら声を出してみましょう。声を出すときに震える部分にある声帯に手を当てます。まず胸式呼吸で「あ〜」と声を出してみてください。あまり震えないのがわかります。次にお腹から息を吐き出して「あ〜」と声を出しましょう。声帯が大きく振動して大きな声が出るのがわかると思います。

STUDY 1 - 2

息に瞬発力をつけて発音をはっきりと

スッスッスッ呼吸

POINT

ここでは3つの息のコントロール法を紹介。まずは「スッスッスッ呼吸」。サ行などの摩擦音をはっきり発音するために必要な息の瞬発力を鍛えます。「スッスッスー」と強く息を吐く呼吸を練習。もうひとつは「息のコントロール」。同じ息の量で長く吐く練習をしましょう。どれもお腹がへこんでいることを確認しながら行うのがポイント。

お腹を動かして息を強く吐く

❶ お腹に手を当て
「スッスッスッー」と
強く息を吐く。5 回。

❷ 10 秒かけて「スーッ」と
同じ強さで長く息を
吐き出したら、
次は「シー」で練習。

「スー――」と長く息を吐いたら、歯の間から息を細く吐く「シー――」と
10 秒以上、長く吐く練習を行い、じょじょに秒数を増やして。

STUDY 1 - 2

解説

吐く息の量をコントロールして声のトーンを整えれば聞き取りやすい声に

頭のいい人には、早口な人がとても多いのです。早口の人の多くは頭の回転が速いので、伝えたいことがあふれ出てきて、言葉が追いつきません。それでも話を続けるので、一つひとつの言葉がはっきりせず、語尾が消えてしまう人も多くいます。

どんないい話をしても、聞いているほうにとっては、聞き取りにくい。そして、いつも焦っている人という印象を持たれてしまいます。

早口の人に効果があるのが、呼吸のコントロールです。

お腹から息を吐きながら、息を吐き出す量や出し方をコントロールすることで、息に瞬発力をつけて発音をはっきりさせると同時に、声のトーンを一定にして聞き取りやすい声になります。

早口だけでなく、滑舌が悪い人にも、呼吸のコントロールはぜひ身に着けてほしいところです。

でも、自分の声のトーンが安定しているかどうか、自分ではわかりづらいかもしれません。

そこでチェックしてみましょう。

1 腹式呼吸で息をお腹から大きく吸う

2 「シーーーーーーーーーーー」と息の続く限り声を出す。

さて、どれくらい同じ声のトーンで「シーーー」と声を出せたでしょうか？

25秒間、一定の声のトーンで続けられたら、あなたの声は比較的安定しているといえます。

腹式呼吸ができていないほとんどの人は、声が途中で途切れてしまったり、声が弱くなったりしてしまうかもしれません。

「スッスッスッ呼吸」をトレーニングしながら、ときどきこの25秒間の「シーーー」で声のトーンを確認しましょう。**息のコントロールができるようになれば、早口が改善して話が聞き取りやすくなるはずです。**

STUDY 1 - 3

吐く息にしっかり声をのせる練習

カメハメハ〜発声

POINT

吐き出す息に声をのせる練習です。じょじょに声を大きくして声の成分を増やしていくようなイメージで行いましょう。息を吐ききる時間は、肺の中に入る空気の量によって人それぞれ。はじめは6秒かけて吐き、2秒で吸い、2分間で15回の呼吸が目安です。長く吐けるようになったら、吐く時間をじょじょに延ばしていきましょう。

お腹から声を出す

❶ おへその上下に手を当てて、
鼻から息を吸う。

❷ 上体を前傾して、
お腹をへこませながら
「カメハメハ〜」と
吐く息にのせて
声を出す。

「カメハメハ〜」の「ハ〜」の部分で、お腹をへこませて吐き出した息に声をのせます。声のパワーを遠くへ届けるイメージで。

STUDY 1-3 解説

腹式呼吸のロングトーンで注目を集める声をつくる

そろそろ、お腹を使った腹式呼吸の感覚がつかめてきたのではないでしょうか？

そこで次は、吐き出す息に声をのせる練習です。

息と発声は夫婦と同じ。ほとんどの夫婦は2人が手を取り合って、いっしょに人生を前へと歩んでいきますよね。同じように発声も吐く息と声が手を取り合って、重なり合うように遠くへ届けるイメージです。

声がのった息を遠くに送り出すことができるようになれば、大きく通る声が出るようになります。お腹から響く声が出れば、会議中に居眠りしそうな人の目を覚ますような声を出せるようになるはずです。

お腹がぽっこりとふくらむまで息を思いっきり吸ったら、お腹を押してへこませながら息を吐き出し、その息に「カメハメ、ハァ――」と声をのせて、できるだけ「ハァ――」を長く伸ばしましょう。

「カメハメハ―――」のパワーを、遠くにいる人に届けて、その人に元気になってもらうようなイメージで行ってみてください。腹筋を大きく使うので、やっていると体がポカポカしてくるでしょう。そして、自分自身も「カメハメハ」のパワーに満たされて、体の奥から活力がみなぎってくるはずです。

そして続けていくうちに息を長く、声を大きく出せるようになってきます。

「カメハメハー」をいう元気さえないときは、**体の力を抜いて「ため息」でロングトーンを練習する方法も**あります。

① 全身の力を抜く。

② 両手をお腹に当てて、「ハーーーァーー」と深くため息をつく。

深いため息は腹式呼吸の練習にもなります。そして、長〜く声を出してため息をつけば、ロングトーンのトレーニングにも。ため息でストレスを発散しながら、声トレができれば、一石二鳥の効果ですね。

STUDY 1 - 4

音量を変えてもよく通る声に

カァ〜カァ〜 カラスの鳴き声

POINT

夕焼けの空によく通る声で、物悲しく響く、カラスの鳴き声を思い出してください。あの鳴き声をイメージして、吐く息の量をコントロールしながら、声の大きさを変える練習です。イメージしましょう。駅の向こう側のプラットフォームにいる人に向けて、大きな声で２回「カァー、カァー」。次に近くにいる人に向けて小さい声で２回鳴いてみましょう。

大きい声・小さい声を吐く息でコントロール

❶「カァ〜」と
カラスの鳴き声で
大きい声で
2回発声。

❷「カァ〜」とカラスの
鳴き声を小さい声で
2回発声。
1〜2を2セット行う。

遠くの人に届くように、大きな声で「カァ、カァ」と2回、目の前の人に
届けるように小さな声で「カァ、カァ」と2回。×2セット。

STUDY 1 - 4
解説

吐く息の量で声の大小は自由自在。相手の興味を引く声になる

普段「えっ？」と聞き返されることはないでしょうか？　もし聞き返されることが多ければ、腹式呼吸で声の強弱を使い分けられていないのかもしれません。

トップ営業マンのセールストークを聞いてみると、大きい声と小さい声を使い分けている人が多いことがわかります。商品説明のときは普通の声の大きさでも、「お客様にだけ特別なサービスがあるんですが……」といわんばかりのときには、ささやくような小声にと、上手に声の大小を使い分けているのです。

小さい頃、友だちと話をしていて、秘密の話だけ声の音量を小さくした経験はないでしょうか？　あなただけに特別に教えるよ、そんな気持ちを込めて音量を変えて話すと、相手が突然真剣に話を聞いてくれます。

このように、**声の強弱をつけることで、より興味を引いてもらいたい箇所が目立っ**

て聞こえてくるのです。

でも、せっかく興味を引いてもらうために小さな声にしても、聞き返されてしまってはその効果は台無し。そこで、吐く息をコントロールして声の大きさを調整する「カラスの鳴き声」トレーニングが役立ちます。

胸式呼吸で話していると声の音量の調節を吐く息の量でなく、のどで調整しようとしてしまいます。そのため、小さく通らない声になり、聞き返されるという結果になるのです。小さな声でもハキハキ発声するためには、吐く息の量で声の大きさをコントロールすることが欠かせません。

さあ、イメージしてみましょう。今あなたは駅のプラットフォームに立っています。線路をはさんだ向こう側のプラットフォームにいる人に、「カァ〜」と声を届かせるように強い息にのせて声を出します。次に、隣で電車を待つ人に向けるように、吐く息の量を減らして「カァ〜」と小さな声を出してみましょう。

いかがでしたか？　声の大きさは吐く息の量で調整する。これで人の興味を引く、魅力のある話し方に一歩近づけたはずです。

STUDY 1 - 5

遠くへよく響く声をつくる

マーライオン発声

POINT

姿勢を正したら、頭の中にシンガポールの有名な観光スポット、口から水を勢いよく吐き出すマーライオンをイメージします（知らない方はネットで検索してみてください）。あのマーライオンの噴水のように、声を勢いよく遠くへ届ける発声トレーニングです。声を頭と鼻に響かせるイメージを持つことで、よく通る豊かな声質になります。

お腹からのど、頭まで声を通す

❶ 姿勢を正してまっすぐ立ち、
左手をお腹の上に置く。

❷ マーライオンが口から水を
吐くように、
右手を
下から上へ
動かしながら
長めに「マーーーー」と声に
出す。5回行う。

お腹の水を口から吐き出すように、下から体の前を通って前方へ手をつけて
発声することで、声を遠くへ届けるイメージが身につきます。

STUDY 1-5
解説

頭に音を響かせて よく響き、通る声を遠くへ届ける

「マーライオン」をご存知でしょうか？　シンガポールにある有名な観光スポットで、上半身がライオン、下半身が魚の形をしている像です。いつも口から勢いよく水を吐いています。そのマーライオンが水を吐き出す姿をイメージして、声を遠くへ届けるトレーニングが「マーライオン発声」です。

声を遠くへ響かせるメカニズムを説明しましょう。

人間の体は楽器と同じです。例えば、ギターを頭に浮かべてください。弦を弾くと振動した音がギターの空洞（サウンドホール）のなかで共鳴して、美しい音色を奏でます。

声もそれと同じ。**声帯を弦だとしたら、サウンドホールは鼻腔や口腔、ほかに、頭蓋骨も共鳴する空間です。**

息を吐き出すときに横隔膜に押し上げられた空気が声帯を振動させ、鼻腔や口腔、頭蓋骨で音を響かせます。この空間でどれだけ音を響かせることができるかによって、声の響きが変わってくるのです。

また、五十音のなかでも「マ行」は鼻に響かせやすい音で、「鼻音」と呼ばれています。試しに鼻をつまんで「ま」と「あ」を声に出して発声してみましょう。「ま」は鼻に響き、「あ」は鼻に響いていないことがわかります。

そのため「ま」は声を体に響かせる感覚をつかむのにぴったりな音なのです。

マーラインが勢いよく口から水を吐き出すのをイメージしながら、手の動きでサポートして、**声帯にぶつかってできた「声のもと」を頭で響かせて、口から外に出しましょう。**

はじめは難しくても、何回か続けるうちに頭で声を響かせる感覚が身に着いてきます。そのイメージがつかめれば、たくさんの人が集まる大ホールの後ろの人にまで届く、通る声が出せるようになるでしょう。

話すときに意識すると、より良い声が出る正しい姿勢

体は声を出すための「楽器」のようなものと説明をしました。猫背で体が曲がっていたり、ゆがんでいたりしては、声の響きが悪くなり、いい声が出ません。

よく通る声を出すために、姿勢を見直してみることも大切です。

まずはいつものように立ってみましょう。

・反り腰、猫背ではありませんか？
・お腹を突き出していませんか？
・あごは上がっていませんか？
・ひざは曲がっていませんか？

これはすべて音が響きにくい悪い姿勢です。この姿勢では空気の通り道である気道が狭くなり、のどに余計な負担がかかります。

声がよく通る姿勢

声を出すときには背すじをまっすぐ伸ばすのが大事。反り腰にならないように。

正しい姿勢をつくってみましょう。

・上半身の力を抜く。

・丹田と呼ばれる、おへその下3センチくらいに重心を置く。

・耳、肩先、腰骨、くるぶしが一直線になるようにまっすぐに。

・あごを引く。

立ったときも座ったときもこの姿勢を意識すれば、頭に音が響く美しく通る声がいつでも出せるようになります。

最近はパソコンやスマホを使う時間が増え、猫背の人が増えています。猫背気味の人ほど、いい声を出そうと思ったら、まずは姿勢を整えてから話をするように心がけましょう。

声が変わると、人が話を聞いてくれるからコミュニケーションに自信が持てる

腹式呼吸で声を出すと、人が自分の話によく耳を傾けてくれる、と不思議に思うかもしれません。それは、いつでも聞き取りやすい音量の声が出せるようになってきた証です。誰でも「えっ？」と聞き返さなければならない声に耳を傾けるのは苦痛ですよね。逆に聴覚まで明瞭に届く声は、つい耳を傾けたくなります。そこには原始的な聴覚の役割と深い関係があるのではないかと思うのです。

お腹の中の赤ちゃんにモーツァルトを聴かせるという胎教をご存知でしょうか？胎児は生まれてくるとき、視覚は未発達なのに対して、聴覚はお母さんのお腹の中にいるときにすでに発達しています。およそ26週には音を感知できるようになるそうです。赤ちゃんはお腹の中にいるときから、お母さんの声を認識していますし、モーツァルトの音楽も聴いています。

人の印象を決めるのは見た目、声の順だというメラビアンの法則を紹介しましたが、原始的な発達の順番では視覚よりも聴覚が先。五感の発達から見ても、人間にとって聴覚から得られる情報はとても大事だということがわかります。

生まれる前から人間は聴覚を通して、声や音を認識し、そこから多くの情報を得ているのです。いつも話しかけてくれている声は自分を守ってくれるお母さん、モーツァルトを聴けば心地よい音楽だと認識しています。

成長して大人になっても、相手の声から情報を得ていることは変わりません。クリアな声が聴覚に届けば、「信頼できる人」「好みのタイプ」など、その声で無意識に相手の印象を決めています。そう感じた相手の話をもっと聞きたくなるのです。

声を変えれば、相手の聞く態度が変わります。その反応を見て、人から「頼られている」「必要とされている」と感じれば、誰でも自分に自信が持てるようになるはずです。何度もお伝えしていますが、**本書のメソッドを実行すれば声を変えるのは簡単。**

そして、**声が変われば自己肯定感が上がり、人生が変わる。**そのことを**4万人の声を変えた私が、自信を持って皆さんにお伝えします。**

Chapter 1

まとめ

- 腹式呼吸ができるようになれば、
  人をひきつける声に変わる

- お腹から吐く息に声をのせれば、
  よく通る響く声を出せる

- 吐く息の量のコントロールで、
  大きい声も小さい声も
  ハキハキ声になる

Chapter 2

滑舌悪い
“噛みトーク”を変えて
説得力を上げる

声で人生が変わった

CASE 6

面接が得意に！希望の会社に就活成功

問題は声か！

そんなわけでボイストレーニングに通いはじめることに
お願いします
竹内さん、表情がちょっと固いですね
ハイ！お願いします

表情筋をほぐしていきましょう！
アイ～ンの顔で！
あい～ん
そう!!

次は滑舌の練習！
キリギリスは～♪ギリギリの～♫
おなかから!!

オンライン面接当日
志望動機は主にふたつあります

合格！

竹内くん、今ではトップ営業マンに！
行ってきます!!

声で人生が変わった

CASE 7

会社説明会でイメージアップに貢献

滑舌がよくなり会社の印象もアップ、優秀な学生を集めることに成功

ゲーム会社で働く30代の川口博人さん（仮名）。学生の就活時期になると、会社説明会で自分の会社の魅力を話す機会が多いそうです。でも、大勢の前に出ると、噛んでしまったり、もごもごつまずくと悩んでご相談に来ました。彼が勤めているのは若い世代に人気のゲーム会社。就職希望者は多いのに、自分が会社説明会で話すと、話し方がボソボソしていて会社自体も暗いイメージなってしまうと言うのです。

声を聞いてみると、確かにくぐもって通らない声。普段はパソコンに向かう業務が主で、人と話す機会も少ないので、顔や舌の筋肉がかたく動きが悪くなっています。

そこで、**表情筋と舌のトレーニングを行うと同時に、笑い過ぎるくらいに笑顔をつくる練習。すると声の出し方の練習はしていないのに、声が明るい印象に！**

今では会社説明会を率先して引き受けて会社のイメージアップに貢献。彼の明るい雰囲気に魅了され、会社の利益につながる優秀な学生が集まってきているそうです。

声で人生が変わった

CASE 8

営業で好成績を上げて後輩から尊敬される人に

名刺交換の挨拶を克服。第一声で記憶に残るようになった

名刺交換での自己紹介が苦手で相談に来られた、営業マンの佐々木信二さん（仮名）。入社して20年にもなるのに、自己紹介をするたびに言葉がつまってしまうと言います。「株式会社美声の佐々木信二です」。たったこれだけの自己紹介がスラスラと言えません。同行している後輩に呆れられてしまうのでは……と思うと、ますます緊張してもごもごしてしまうそうです。

佐々木さんの声を聞いてみると、彼の問題は胸式寄りの呼吸に加え、表情筋や舌がかたくなり、滑舌まで悪くなっていたのです。佐々木さんには、**腹式呼吸、特に息に瞬発力をつける練習、そして表情筋や舌のストレッチをやっていただきました。**するとどうでしょう！　口からスラスラと自己紹介の文言が出てきます。**声もハキハキと明るくなり、仕事相手からは自己紹介だけで印象に残る人になりました。**もちろん、今では後輩から尊敬されているのは言うまでもありません。

声で人生が変わった

CASE 9

聞き取りやすい声で空を安全にした航空管制官

自信を持って飛行機に指示を出せるようになった

空港の航空管制塔で働く男性・菊地さん（仮名・30代）が相談に来ました。仕事上では何も問題なくうまくいっているけれど、飛行機に指示を出すと「もう一度言ってください」と聞き返されることが多いとのこと。特に指示に「サ行」が入ると、聞き返される率はほぼ１００％。緊急時に自分の聞き取りづらい指示が原因で、何か事故が起きてからでは遅いと感じ、ボイストレーニングを受けることにしたと言います。

ご自身の声を録音して聞いてもらったところ、「聞き取りにくいですね」と納得。はっきり発音しているつもりでも、聞いてみないとわかりません。**腹式呼吸と滑舌の練習をくり返しトレーニング**してもらいました。もともと真面目な性格の方で、すぐに効果が表れ、飛行機から自分の出した指示を聞き返されることがなくなったそうです。安心して業務に打ち込めるようになったと話してくれました。

声で人生が変わった

CASE 10

母が滑舌を改善したら子どもも変わった

子どもの滑舌の悪さはお母さんの歯の矯正のせいだった

2人の子を持つお母さんが、子どもの滑舌が気になると相談に来られました。上の子はきちんと発音ができるのに、下の子はうまく発音できないというのです。お話を聞くと、**下の子が言葉を覚える時期にお母さんが歯の矯正のためのマウスピースをしていた**ということがわかりました。子どもは親の声を聞き、真似をしながら言葉を覚えます。そんなときに親の発音や滑舌が悪いと、子どもにそれが受け継がれていくのです。

小さい子どもの話し方や滑舌に問題がある場合は、まずはお母さんの話し方を見直すことが先決。このケースもお母さんが滑舌トレーニングをくり返したところ、子どもへの読み聞かせがとても上手になりました。そして、お子さんには直接トレーニングをしていないのに、お母さんの声を聞いて下の子の発音がよくなり、朗読がキレイになったそうです。

顔のまわりの筋肉がかたいと無愛想で頼りない声に

突然ですが、自分ではそんなつもりはないのに、無愛想だと言われたことはありませんか？　無愛想とまではいかなくても、声が暗い、不機嫌そうと言われることがあったら、表情筋がこわばっているかもしれません。

顔には30種類以上の筋肉があって、それらを組み合わせて動かすことで顔の動きや表情をつくっています。この表情筋がかたくなると表情がとぼしくなります。逆に無表情な人は、表情筋を動かさないのでかたくなっているともいえるのです。

表情筋がかたくなると、口が開けづらいので声を出しづらくなります。同時に、舌の動きも悪くなり、滑舌が悪くなってしまうのです。

滑舌が悪くなると、何度も聞き返されることが増えるでしょう。また、噛む、どもる、発声が不明瞭になるなど、滑舌が悪くなっているサインです。

滑舌のための発声練習をいきなり行うよりも、表情筋をほぐし、舌を動かして口まわりをスムーズに動かす練習を行うと、早く滑舌がよくなります。

読むだけでわかる表情筋チェック

では、あなたの表情筋が、どれくらいかたくなっているのかを確認してみましょう。次の一文を、普段話すときと同じ声の大きさで、ひと息で読んでください。できるだけ早口で読むのがポイントです。

ママまみむめも　パパぱぴぷぺぽ　ババばびぶべぼ

マ行、パ行、バ行は発声するときに口のまわりの筋肉が大きく動く音です。表情筋のほか、舌や唇がスムーズに動かないと一気に言いきることができません。

この早口言葉が苦手な人は、表情筋のトレーニングを重点的に行ってください。同時に、常に笑顔で話すことを心がけましょう。

ラ行、サ行、マ行日本人が苦手な発音で滑舌の悪さがわかる

もともと息をあまり吐かなくても発声ができる「有声音」の日本語を話す日本人には苦手な音があります。それが「ラ行」「サ行」「マ行」。

ビジネスシーンでよく使う「〜させていただきます」。相手を立てながらやわらかい印象を与えるので、頻繁に使われる人が多いのではないでしょうか？

しかし、この一言で噛んでしまう人が少なくありません。

「させていただきます」には、**日本語で噛みやすい「サ行」の言葉**が2回も出てきます。**サ行は摩擦音といって、もともと発音しづらい音。さらに加齢によって表情筋が衰えると、より発音しづらくなり「サ行」の滑舌が悪くなります。**

人によって3つの行すべてが苦手な人もいますし、どれかひとつの行の滑舌だけが悪い人もいます。

まずは、次の例文を読んであなたの苦手な滑舌をチェックしてみましょう。できれ

ば録音をして聞いてみると、自分の苦手な言葉がよくわかります。

「ラダレデロド　ラダレデロド　ラダレデロド」

「マイマイねじまきマミムメモ」

「魔術師の手術摘出手術中」

いかがでしたか？「ラ行」「サ行」「マ行」の確認でした。一度でわかりづらければ、同じ言葉を2～3回くり返してみてください。噛んだり、ろれつがまわらない言葉があなたの苦手な行です。

ラ行は舌を大きく速くたくさん動かす音で日本人は特にラ行が苦手です。舌のほとんどは筋肉で、腹筋や脚の筋肉同様、舌も使っていなければ衰えて動きが悪くなります。また、サ行が苦手な人はタ行も苦手な人が多いので、話すときはサ行とタ行を意識するとよいでしょう。また、同じようにマ行が苦手な人はナ行も苦手です。

老け顔、老け声も改善！滑舌がよくなれば顔が引き締まって凛々しい印象に

コロナ禍で人とあまり会わないオンラインミーティングでの仕事など、話すことが極端に減ったという人が多かったと思います。

前述したように、舌も、表情をつくる表情筋も筋肉です。動かさなければ衰えるばかり。そのため、コロナ後は滑舌が悪い人がとても増えました。

舌や表情筋が衰えると、発声する音に合った口の開け方が思うようにできません。音に合わせて口や舌が動かないのですから、話の途中で噛んだり、ろれつがまわらないなどといった、滑舌に問題が出てきます。

滑舌が悪いと話が伝わりづらくなるだけではありません。誰もが気になる、顔のたるみや老け顔も実は滑舌と関係があるのです。

話すときに表情筋を使わないと、筋肉によって顔の脂肪を支えられず、重力によって下へと落ちてたるみになります。また、**舌が衰えて下がってくると、フェイスライ**

ンがあいまいになり、二重あごに。滑舌の悪い人は声だけでなく、顔も年齢以上に老けて見えるのは、表情筋と舌の衰えも関与しています。**滑舌の悪い人は、年齢より老けて見える可能性が高い**ように思えます。

声を出す筋肉でもうひとつ大事なのが声帯です。声は肺から送られた空気が左右の声帯の間を通り抜けていくときに振動が起こって形になります。声帯も、加齢や話す機会が少ないなどで、あまり使っていないと細くなり、声のかすれやしわがれ声など、気になる老け声の原因に！　余談ですが、最近はこの声帯に美容医療のようにヒアルロン酸を注入して声を若返らせる方法もあるそうです。

そこまでしなくても、声帯はＣｈａｐｔｅｒ１で紹介した腹式呼吸発声で鍛えられます。でも、声帯はあくまでも振動で音を出すだけ。それを言葉にするのが舌や表情筋の動きです。声帯だけを若返らせても、舌や表情筋の動きがよくならなければ、相手に聞き取りやすく、滑舌のよい声にはなりません。

このように声も、さらに顔までも若返らせるためには、舌や表情筋の動きをよくするトレーニングはとても大切。最高のアンチエイジングトレーニングにもなるのです。

説得力のある声になる1分プログラム

表情筋と舌筋をほぐして鍛えましょう

STUDY 2-1 口を動かしやすくする表情筋トレ「うーあー」顔

STUDY 2-2 ひとつの言葉を明瞭に発声する「アイ～ン」

STUDY 2-3 舌根を動かして発音しやすくする

「あっかんべー」

STUDY 2-4 舌の動きを滑らかにして若見えも叶う

舌まわし

STUDY 2-5 苦手な音の滑舌を改善する

滑舌音読&滑舌ポエム

STUDY 2 - 1

口を動かしやすくする表情筋トレ

「うーあー」顔

POINT

母音の中でも、口を前に尖らせる「う」と、口を大きく開ける「あ」を組み合わせて、口まわりを大きく動かしながらほぐします。この筋肉がほぐれると音に合わせて口が動かしやすくなり、発音がはっきり明瞭に！　また口角が上げやすくなり、いつでも笑顔で話すことができるようになるので、相手にいい印象を与えることができるでしょう。

口まわりの表情筋を柔らかく

❶ くちびるを突き出しながら
口をしっかりすぼめて
「うー」と発声。

❷ 口を大きくタテに開いて
「あー」と発声。

「うーあーうーあーうーあー…」

5回くり返して1セット。

1分間を目安に。

「うーあー」に慣れてきたら、「うあうあうあ」と、スピードを上げて5回くり返して行いましょう。速さの目安は動画で確認を！

STUDY 2 - 1
解説

口の開閉で顔の血行アップ「にっ」と笑って第一印象を上げる

表情をつくっている表情筋がかたくこわばっていると、出したい音に合う形に口が開かずに不明瞭な話し方になってしまいます。

また、表情筋が使えていない人の多くは、表情がとぼしいです。そのため第一印象で「冷たくて怖そうな人」と、マイナスなイメージを持たれがちです。第一印象は「明るくて、人当たりのよさそうな人」、こんなポジティブなイメージのほうが、ビジネスでも婚活でもプラスになるのは間違いありません。

そこではっきりとした発声と、**ポジティブな印象をつくるために、口まわりの筋肉をほぐしましょう。**

口を思いきり前に突き出すようにして「うー」、大きく口を開けて「あー」、「うーあー」と5回くり返して口まわりの筋肉、口輪筋をほぐします。普段動かしていない筋肉を動かすと口まわりの血行も促されます。すると口角が上がりやすくなるので、印象は格段にアップするはずです。

そして表情筋がほぐれたらもうひとつ、第一印象をアップするおまけのテクニックをお伝えします。

「うーあー」で十分ほぐれたら、話すときは口角を上げて「にっ」と笑いましょう。口角が上がれば、自然に笑顔になりますよね。

そして**笑顔になるとほお骨が上がって口の中の空間が広がって音が共鳴しやすくなり、1音〜1.5音高い声になります。低い声より高い声のほうが「明るい人」という印象を与えやすいので、第一印象で相手の心をバッチリつかめますよ。**

楽しくなくても、笑顔になることで何だか楽しい気分になってきませんか？　楽しいから笑うのではなく、笑うから楽しくなるといわれるほど、笑顔にはパワーがあります。笑顔で見た目の印象が上がり、さらに声も高く明るくなれば鬼に金棒。笑顔をつくってみるだけで、婚活でも、仕事でも、好印象を残せるのです。

STUDY 2 - 2

ひとつの言葉を明瞭に発声する

「アイ～ン」

POINT

口まわりと首の筋肉をほぐして、口を大きく上下左右に開けるようにトレーニング。口が大きく開くようになれば、声を大きく発声することもでき、言葉をひとつずつはっきりと発声することができるようになります。「ア」と「イ～ン」で顔と首の筋肉がどのように動くかを意識しながら、できるだけ大きく表情筋を動かしてほぐしていきましょう。

あご下からほおまで顔まわり全体刺激

❶ あごを上に上げて、前に突き出す。

❷「ア」で口をタテに大きく開き、「イ〜ン」で口を横に引っ張る。リズミカルに5回くり返す。

あごを上げて「アイーン」と発声すると、あご下から首の前側がよく伸びます。二重あご予防にもなるトレーニングです。

STUDY 2－2

解説

口まわりとあごの筋肉をほぐせばたくさん話しても疲れない

電車に乗れば、80％以上の人がスマホをのぞき込んでいます。さらにオフィスでは、猫背姿勢のまま、液晶画面を見ながら、一心不乱に仕事をしている人が少なくありません。私のところに相談に来られたＩＴ企業の方も、一日中パソコンとにらめっこしているひとり。話し方はもごもごとして不明瞭でした。

このように、**長時間パソコンを使っている人やスマホを見る時間の長い人は、あごの下がカチカチです。表情筋とつながっている首の筋肉がかたくこわばると、口が開けづらくなり、発音が不明瞭に**なります。

そこで役に立つのが、誰でも知っている志村けんさんの「アイ～ン」ポーズ。本家本元は手をあごに持っていきますが、こちらは表情筋のトレーニング。顔や口まわりをマネするだけで十分です。

あごを上げて「アイ〜ン」をやるときに、あごの下あたりから鎖骨へと伸びる、首の筋を触ってみてください。口を大きく横に引いて「イ〜ン」というときに、あごの下や首の筋が張り、首の筋肉が使われているのがよくわかります。

もし5回くり返して顔や首が疲れてしまったなら要注意。普段からあまり顔の筋肉を使わずに話しているかもしれません。このトレーニングを続ければ、いくら話しても疲れなくなるので、長時間のプレゼンにうってつけです。

このトレーニングで顔、あご、首の筋肉がほぐれると、口を動かして話すことがラクに感じられるようになります。

メリットはそれだけではありません。人は鼻から下の、顔の下半分がたるむと、老けて見えるそうです。「アイ〜ン」トレーニングを行えば、顔の下半分が引き上がって、5歳ほど若返って見えるはずです。

前述したＩＴ企業の男性も、口がスムーズに動くようになり話しやすくなったこと以上に、同僚から「表情が明るく若々しくなった」とほめられているそうです。

STUDY 2 - 3

舌根を動かして発音しやすくする

「あっかんべー」

POINT

口の中にしまったままの舌を思いっきり出して、舌を根元からほぐすトレーニング。前だけでなく左右にも同様にストレッチを行いましょう。左右に伸ばしてみると、どちらか伸ばしづらいほうがあるかもしれません。そちら側の回数を多めに行うと、舌全体がほぐれてきて、話すときにもスムーズに舌が動き、単語の発音がクリアになります。

舌を思いきり動かす

❶ 舌を思いっきり下に伸ばして、元に戻す、を５回くり返す。

❷ 舌を右側に出して、元に戻す、を２回くり返す。

❸ 舌を左側に出して、元に戻す、を２回くり返す。

普段口の中で縮んでいる舌を伸ばしてトレーニング。続けていくと、どんどんラクに長く伸ばすことができるようになります。

STUDY 2 - 3

解説

舌をストレッチすると発音がクリアになり、二重あごもすっきり

話していて、言葉に詰まったり、滑らかに言葉が出なかったりなど、言葉を噛んでしまうことはないでしょうか？　大きなプレゼンの前などで緊張すると、より噛みやすくなることも多いと思います。滑舌が悪いうえに噛んでしまうと、相手に何となく頼りない印象を与えてしまうかもしれません。

昔は噛まずに話せていたはずなのに……、なぜ噛むようになったのでしょうか？

その大きな理由が舌と顔の筋肉の衰えです。これまでに紹介した表情筋のトレーニングで顔の筋肉はかなりほぐれたと思います。次にほぐすべきは舌の筋肉です。**舌の動きが悪くなると、舌を使った発声がしづらくなり、滑舌が悪くなります。**

そんな舌の動きが悪い人におすすめするのが、前ページで紹介した「あっかんべ

ー」トレーニング。効果がすぐにわかる即効性の高い練習です。

その変化を実感するために、トレーニング前に、いつも話しているのと同じ調子で「らりるれろ」と3回くり返し言ってみましょう。

何となく言いにくくないでしょうか？　ラ行は口や舌を細かく動かす音なので、舌や口まわりがかたい人には難しい音なのです。


では次に「あっかんベー」の後に、もう一度「らりるれろ」を3回言ってみましょう。はっきりとラクに発音できたなら、舌がストレッチされたおかげです。

そして、舌を伸ばす「あっかんベー」に慣れたら、あごを上げて行ってみましょう。舌を出すときにあごの筋肉が伸びるので、よりストレッチ効果が高まります。さらに、二重あごの予防にもなるので一石二鳥です。

あごを上げた「あっかんベー」を練習すると、あごがたるんでできる気になる二重あごがすっきりしてきます。また、年齢が出るといわれる首のしわが薄くなるのもうれしい効果です。声のアンチエイジングにも、顔の老け予防にも役立つ「あっかんベー」トレーニング。出勤前に行えば目が覚める効果も期待できますよ。

STUDY 2 - 4

舌の動きを滑らかにして、若見えも叶う

舌まわし

POINT

口を閉じて、口の中からほおやほうれい線を押すようにしながら、舌を大きくまわします。鏡を見て、口まわりの筋肉が舌でストレッチされていることを確認しながら行うとより効果がアップ。舌に引っ張られて、口まわりやほおの表情筋もほぐれて、発声しやすくなります。ほうれい線やブルドッグラインの予防になり、若見え効果も！

表情筋も舌筋も両方柔らかく

軽く口を閉じる。舌を歯とくちびるの間に入れて、
内側から舌でほおを押しながら歯茎の外側をなぞるように
舌を右まわりに3回、左まわりに3回ずつまわす。

舌をまわすことで口まわりの筋肉がほぐれて、発音が明瞭になり、ほおのたるみやほうれい線の予防にもなります。

STUDY 2 - 4

解説

舌をラクにまわせれば、滑舌も顔も印象も底上げできる

舌も筋肉だとお伝えしました。多くの人は体の筋肉が衰えないように運動をしますが、舌が衰えないように舌のトレーニングをしている人は少ないと思います。

でも、年とともに体が動きづらくなるのと同じように、舌も使わなければ、衰えを防ぐことはできません。そんなときに役立つのが、舌をまわすだけの簡単なトレーニングです。

特に**普段から会話の少ない人は、舌を動かすことが少ないので、動きが悪くなります。**もちろん毎日たくさん話して正しく舌を動かせていればよいのですが、すでに筋肉が弱った舌のままで話していては、滑舌が悪く、不明瞭な話し方になるでしょう。

話していて舌がもつれる、滑舌が悪いと感じていたら、「あっかんべー」と併せて、「舌まわし」を行いましょう。口の内側からほうれい線やほおを舌で強く押しながら、大きく舌をまわすイメージです。

左まわり、右まわりに交互に3回ずつまわしてみてください。口の中が唾液でいっぱいになり、あごの下や舌の奥がつるような感覚はないでしょうか？

簡単な動きのように思えますが、舌の動きが衰えて、滑舌が悪い人にとっては、結構きついトレーニングなのです。

舌まわしには滑舌以外にもうれしい効果があります。

年齢のわりにたるみやしわが少ない往年の女優さんが、「これだけはやっています」とおっしゃっていたのが「舌まわし」でした。舌はあごを下から上へ支え、あごを持ち上げてくれる縁の下の力持ち的な存在。舌の動きがスムーズだと、滑舌がよくなるだけでなく、フェイスラインにムダなぜい肉がつかず、ほうれい線やブルドッグラインも薄くなります。

舌まわしで舌がスムーズに動くようになれば、声と見た目の両面から印象を底上げできるのですから、やらない選択はありませんよね。

STUDY 2 - 5

苦手な音の滑舌を改善する

滑舌音読&滑舌ポエム

POINT

表情筋と舌がほぐれたところで、いよいよ実際に言葉を発音する練習です。特に日本人が苦手な「サ行」と「ラ行」を中心に練習することで、舌の動きをスムーズにしていきます。まずはゆっくりから始めて、どんどんスピードアップ。Chapter1で紹介した腹式呼吸も忘れずに。毎日練習すれば運を引き寄せるクリアな発音に変わります。

サ行の練習

1回目　普通に読む。

「老若男女問わず高所得者層に特定支出控除とさせていただきます」

2回目　単語の頭で息を吐いて読む。

「ろうにゃく　なんにょとわず
こうしょとくしゃ　そうに　とくてい
ししゅつ　こうじょと　させていただきます」

1回目　普通に読む

「佐々木さんと鈴木さんにもろもろのことを取りざたされる」

2回目　単語の頭で息を吐く

「ささきさんと　すずきさんに　もろもろの
ことを　とりざた　される」

多くの人が噛みやすい「サ行」。普通に読むとかんでしまう場合は、単語の頭で息を吐いて読む練習をくり返しましょう。

ラ行の練習

1回目はゆっくりと、2回目はスピードを上げて読もう。

「彼はだらだりだるだれ

だらだりだるだれ

だれだろう？

ズラ、ズリズルズレズレ

ズルリーン！！」

日本人の多くが苦手とする「ラ行」。「だ」の部分でしっかり息を吐いて読むことで、発音しやすくなります。

マ行の練習 1

1回目はゆっくりと、2回目はスピードを上げて読もう。

「桃の実みのれば桃娘、

もももん

桃が実るころ、

もももん

恋もみのるでしょう

もももんももの

ももむすめ」

くちびるの筋肉が衰えると発音しづらくなる「マ行」。くちびるの動きを意識しながら、単語の頭で息を吐いて練習を！

マ行の練習 2

「魔女が町に舞い降りる。
今なら間に合う、まだ間に合う。
毎度のことだが参ってしまう。
舞子の魔力に真っ青だ。

まま子のままごと、
ままはまたまたまんまと
まやかしにまけたが、
ままよと気ままのまま」

読むだけで滑舌がよくなる「マ行」の音読文。単語の頭でしっかり息を吐くことで、相手に聞き取りやすい発声になります。

サ行の滑舌ポエム「そうじのうた」

「掃除をするのさ
サッサッサー！

ささっさ　ささっさ
しゅっしゅっしゅっ
しゅっしゅっしゅっ
しゅっしゅっしゅっ　さっさっさ

爽やかで清々しい
朝の掃除は最高さ
ささっさ　ささっさ
しゅっしゅっしゅっ！」

サ行の滑舌を楽しく改善するポエム。最初はゆっくりからはじめて、どんどんスピードアップ。動画では歌バージョンも紹介。

ラ行の滑舌ポエム 1「ギリギリのキリギリス」

「キリギリスはギリギリの
ギリギリごくひん　キリギリス

ギリギリなのでキリキリと
ぎりぎりせいかつ　きりつめる

キリギリスは　こうわらう

イヒヒ　イヒヒ　イヒ
シヒヒ　シヒヒ　シヒ

ぎりぎりせいかつ　キリギリス」

「ギ」と「リ」、「キ」と「リ」をごちゃ混ぜにせず、しっかり言い分けるのがポイント。クセになる歌バージョンでも練習を！

ラ行の滑舌ポエム２「かわいいりるらちゃん」

「ラララーラ　ラララーラ

ゆめのなか

ラララーラ　ラララーラ

ねむってる

るりいろした　りるらちゃん

リルラリルラ　るらりるらり

リルラリルラ　るらりるらり

くるくるまわってゆめをみる」

舌先をたくさん使うラ行の発音練習。かわいいポエムですが発声してみると難しいので、動画に合わせて歌での練習もおすすめ！

STUDY 2 - 5
解説

日本人の苦手な「サ行」と「ラ行」を克服すれば滑舌が格段によくなる

表情筋と舌をほぐすトレーニングで、かなり発声をしやすくなっていると思います。それでもいざ苦手な言葉を話してみると、緊張して噛んでしまうかもしれません。特に、舌先やくちびるをよく動かす音がくり返し出てくる言葉は、噛みやすいので、普段から練習をしておくと安心です。

前述したようになかでも多くの**日本人が苦手な発音は「サ行」と「ラ行」です。「サ行」は日本語の敬語表現によく出てきます。**この音をうまく発音できないと、息が抜けたような音になり、ビジネスシーンでは頼りない印象を与えてしまいがちです。「サ行」は特に加齢や、会話が少ないことで舌が衰えてかたくなったり、噛み合わせが悪いときにも発音しにくくなります。

また、「タ行」も「サ行」と同じ動きなので、「サ行」を発音しづらい人は、「タ行」も苦手です。

さらに、ほかの音に比べて舌をよく動かさないと発音できない**「ラ行」は、舌をあまり動かさずに日本語が話せる日本人には、苦手な音です。**試しに「ラララララ」と声に出してみましょう。舌先が細かく小刻みに動いているのがわかると思います。苦手な人は舌を歯の裏側につけて、はじくように発音するとよくなります。

そのほかにも、特に女性には**「ナ行・マ行」が苦手な人もいます。「ナ行・マ行」がうまく発音できない人は、鼻に声がかかりすぎてしまって、頼りなさそうな印象を与えることも少なくありません。**

苦手な滑舌がわかったら、滑舌練習や滑舌ポエムでくり返し練習あるのみです。舌の動きが慣れて噛みづらくなるのに、そんなに時間はかかりません。また、ここぞ！という大事なシーンで滑舌に心配があるときは、フレーズを細かく区切って、単語の頭で息を吐くように読めば噛まなくなります。

Chapter 2

まとめ

- 滑舌をよくするにはまず表情筋をほぐすこと！

- 舌の動きが悪いと、「ラ行」と「サ行」の滑舌が悪くなる

- 滑舌がよくなれば、聞き取りやすく好印象、説得力のある声に

Chapter 3

明日からすぐできる
印象に残る
話し方のコツ

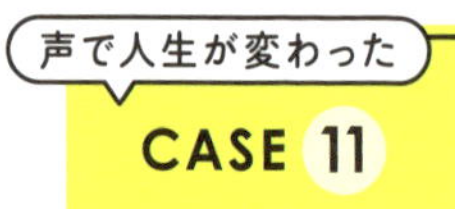

CASE 11

明るい印象の高め声で婚活成就

え、また
振られちゃった…

何度も
振られると
きつい…

残念ですが

なんで…?

…というわけでボイトレをお願いしたいんですけど、私の声って何か問題ありますか？

率直に言うと、楽しくなさそうに聞こえる声ですね
暗い印象の声なんです

口角を上げて笑顔で話しましょう！
つかれるー!!

笑顔で話すだけで1〜1.5倍高い声が出るんですよ
ドレミで言うと、普段がドなら、ミの音で話すイメージです
なんかかわいい声
ミー
ドー

こずえ最近明るくなったね
友人→
ぜひ会ってほしい人がいるんだけど
そう？
え？

そして…
結婚してください
ハイ

おいしいね
ね

声で人生が変わった

CASE 12

間の取り方を変えて学生の人気講義に！

まず、ボソボソとしていて聞き取りにくいですし、間の取り方や話し方のトーンにも課題がありますね

訓練でどうにかなりますか…？
もちろんです！

声に大小をつける訓練や
単語を区切って発音する訓練、
抑揚をつけて話す、などの総合的な訓練をしましょう

数か月後…
はい、何か質問ある人

おー、いっぱいいる
はい、じゃあまずそこの君
学生から大好評の講義に！

声で人生が変わった

CASE 13

セミナー参加者が激増した管理栄養士

抑揚と間の取り方に気をつけたらセミナー参加者が増え、売り上げアップ

公認会計士、税理士、そして管理栄養士など、「士」がつく職業の人は、言いきり型で単調な話し方をする人が少なくありません。机に向かって仕事をする時間が長いので、声がこもりがちになり、抑揚のない話し方になってしまうのでしょう。

ある日、相談に来られた管理栄養士の西田晴香さん（仮名）もその一人。セミナー講師をしながら、栄養についての知識をYouTubeにアップするなど、とても熱心に活動をされていました。でも、参加者もフォロワーも伸びないと悩んでいたのです。あるとき他のセミナーで会場を沸かせる登壇者を見て、「なんて説得力のある話し方なんだろう。ああなりたい！」と、私のところに相談に来ました。

彼女のYouTubeを見てみると話し方が単調でおもしろくありません。そこで、**抑揚のつけ方や間の取り方を練習してもらうことに**しました。すると、**話し方を変えただけでセミナーの参加者が増え、動画の再生回数も増加。**いっそうがんばっています。

声で人生が変わった

CASE 14

話し下手な
税理士が
動画で集客成功

話し方に強弱をつけることで心に残るメッセージに

こちらも「士」業の税理士さんのお話。独立したのをきっかけに、集客をしようとインスタグラムに動画の公開を始めたのですが、「滑舌が悪くて聞き取りづらい」、「単調で話が印象に残らない」と、辛辣なダイレクトメールが。ショックを受けた彼は、はじめて自分の声の欠点を知り、ボイトレを始めることにしたのです。

アップした動画を見てみると、視聴者を無視して間を開けずにただバーっと話しているだけ。頭がいい方なので、話したいことがたくさんあったのでしょう。でも、抑揚がないので、動画を見終わった後に何を言っていたのかが耳に残りません。そこで、**話し方の強弱や強調を練習してもらうことに**しました。練習を始めるとすぐに「いい声ですね」「お話がためになりました」と、うれしいメッセージが続々と届いたそうです。**話し方が変われば同じ内容でも心に残るものになります。**インスタのフォロワー数も増え、**当初の目的だったお客様も増えている**そうです。

声で人生が変わった
CASE 15

声を変えてコールセンター全国2位に

大げさに抑揚をつけた話し方でポジティブな印象を与えられた

お互いの顔が見えないコールセンターのオペレーターは、声だけで印象が左右される職業です。その電話応対しだいで、クレームをうまく処理できたり、商品が売れたり、成果が目に見えて表れます。私は声の印象の大事さを実感されている大手金融機関のコールセンターの研修で、「息を吐きながら話す」「口角を上げて声のトーンを上げる」「速度」「抑揚」「間の取り方」など、相手によい印象を残す話し方を徹底するように指導をしています。

特に**顔が見えない電話の場合、感情表現はやりすぎなくらいがちょうどいいバランスです。**普段と同じトーンで話していても、電話では少し大げさなくらい抑揚をつけないと、「無愛想」「暗い」などのネガティブな印象を与えてしまいます。

話に抑揚をつけ、話すトーンを上げるなどを徹底した結果、全国のコールセンターの対応ランキングで2位になり、大きな成果を上げているそうです。

声で人生が変わった

CASE 16

声が一本調子でアナウンスが苦手なCAが変身

単語の頭で息を吐き、強調を意識して話したら印象に残るアナウンスになった

CAとして第一線で活躍されている百川さちさん（仮名）。仕事は何でも苦なくできるけれど、機内のアナウンスだけは、するたびに先輩から「もっと明るく、聞き取りやすく話しなさい」と注意される……と、落ち込んでいました。

CAにはマナー研修はあるけれど、声の出し方のトレーニングはないそうです。そこで自分のコンプレックスを克服するためにボイトレにやってきました。

百川さんの声を聞いてみると、滑舌が悪く、原稿をそのまま読んだだけの一本調子の話し方。飛行機のアナウンスは、緊急時など命に関わることを伝えなければならないのに、大事なことが耳に残りません。そこで**単語の頭で息を吐くことを徹底し、話すときに強調するポイントを考えながら声を出す練習**をしてもらいました。すると、**先輩や同僚から声をほめられるようになり、お客様からの評判も上々。**今では自分から率先してアナウンス業務を楽しんでいるそうです。

「何を言うか」より「どう言うか」。声の出し方で記憶に残る人になる

よく通る声といえば、まず頭に思い浮かぶのは元プロテニスプレーヤーの松岡修造さんです。彼の声は高くて張りがあり、ざわついている競技場でもよく通ります。人々の記憶に残る声です。なぜ彼の声が印象深く大勢の人の心に響くのか。その理由は息を吐くスピードが速く、言葉が強くエネルギーを感じられるからです。

また、印象に残る話し方として思い出すのが、テレビショッピングのジャパネットたかた・高田明前社長です。社長が交代した今でも、そのトークは人々の記憶に残っています。彼の声は甲高く早口です。でも、商品の大事な説明の箇所になるとゆっくりと「これは今だけの……」と、視聴者にあなただけに話しますよ、と言わんばかりに語りかけます。そして最後には甲高い声でお得な価格発表！で締めくくっていますよね。声にメリハリをつけて、人に印象づけるテクニックを使っています。

今まで普通に話していた人が、２人の話し方をマネしようとしても、なかなかでき

るものではありません。でも、自己紹介の一言だけなら、誰でもできると思います。
ここで**気をつけてほしいのが、ビジネスシーンでも、婚活でも、はじめて会う相手に対して、「何を言うか」以上に大事なのは「どのように言うか」。**つまり、声の出し方、発声法なのです。
特に**初対面では相手に聞き取りやすい声で届ける心配りが必要です。**これまでの章の声トレで、腹式呼吸で息を吐きながら発声することができ、舌や表情筋がほぐれていれば、はっきりとした通る声で相手の耳へ言葉を届けることができるでしょう。
そして、最後にもうひとつとっておきの秘策を教えます。それが、**単語で区切って、それぞれの頭で強く息を吐く方法です。たとえば、**

「かぶしきがいしゃ　がっけんの　あきたけ　ともこです」

これだけで自然と言葉にメリハリができ、あなたの名前が印象に残ります。そのうえで、この章で紹介する記憶に残る表現法をトレーニングすれば鬼に金棒。この章の終わりには、あなたは一度会ったら忘れない印象深い人に変わっています。

話すときはあごを少し引いて
かすれない好印象声に

せっかくいい話をしていても、話をしている最中に声がかすれてしまったり、のどが疲れてしまっては、最後まで相手に思いを伝えきることができません。声のかすれやのどの疲れは、講師や先生など長時間話す機会が多い人や、電話応対をする時間が長いコールセンターで働く人に多い悩みです。

かすれ声は聞き取りづらいですし、相手に何となくだらしのない印象を与えてしまいます。かすれる原因は胸式呼吸、声帯の老化などがありますが、今すぐ直せる原因があごの位置です。

実感をしてもらうために、ここでちょっとチャレンジ！

あごを上に向けて「こんにちは」と言ってみましょう。
次にあごを下に向けて「こんにちは」と言ってみてください。

あごを上げずに話す

あごは引きすぎもダメ。つむじがまっすぐ天井へと引っ張られるイメージであごを少し引く。

ふたつを比べるとのどの感じが違うのがわかると思います。

首には耳の下から鎖骨へと伸び、首を曲げたり、ねじったりするときに働く胸鎖乳突筋という筋肉があります。この筋肉はあごを上げると緊張し、あごを下げるとゆるみます。そのため、あごを上げて話すと胸鎖乳突筋が圧迫されてのどが締めつけられ、声帯に負担がかかって声がかすれるのです。

そうならないためにも、**あごを少し引いて話すことを心がけてみましょう。**あごを引くだけで首まわりの筋肉がリラックスしてのどが開きます。通る声が出せるようになり、好印象ボイスになりますよ。

印象に残る声と話し方ができる1分プログラム

即実践して相手の心をつかむトークに

STUDY3-1 相手の聴覚に届く声を出す
単語の頭で息を吐く

STUDY3-2 大切な言葉を印象に残す
プロミネンス（強調）発声

STUDY 3-3 聞き手の気持ちを引き寄せる

間の取り方

STUDY 3-4 伝えたい言葉を際立たせる

ハメタメ法

STUDY 3-5 3つの発声法で自分の印象を自在に変える

動物の鳴きマネトレーニング

STUDY 3 - 1

相手の聴覚に届く声を出す

単語の頭で息を吐く

POINT

ここでは単語の頭で息を吐いて、相手の聴覚に届きやすい声の出し方を練習します。慣れるまでは片手をお腹に、もう片方の手を口の前に当てて、単語の頭（大きな字）でお腹がへこんで腹式呼吸になっているか、強い息が口から吐かれているかを確認。長く話すときには、これを応用して単語の頭で息を吐く意識を持つと聞き取りやすい声になります。

単語の頭で息を吐く練習

初級編

1音

「あ　い　う　え　お」

2音

「あい　とき　ゆめ　よる
あす　そら　好き」

3音

「こころ　きれい　すてき
みりょく　であい　へんか」

相手の聴覚に届く声を出すための単語の頭で息を吐く練習。はじめて練習するときは、1音～3音までの短い単語からスタート。

中級編

4音

「かわいい　ステキな　やさしい
しあわせ　せいじつ　まごころ」

5音

「うつくしい　おおらかな　せかいじゅう
きもちいい　すばらしい　こえがいい」

6音

「あかるい人　母性のある
ゆめはかなう　あきらめない
おう援する」

単語の文字数が増えるほど難しくなるので、大げさに単語の頭で息を吐きましょう。なお「じゃ、じゅ、じょ」は1音として数えます。

上級編

7音

「さわやかな朝　かい外旅行
資料を整理　ほじょ金がでる
だい好きな人　じゃれ合う子ども」

8音

「こう動あるのみ　おとこと女の
かんがえる力　にじいろの光
ビジネスボイトレ　かがやける未来」

7音以上の単語が言いづらい場合には、2つのセンテンスに分けて、それぞれの単語の頭で息を吐いて発音してみましょう。

STUDY 3 - 1

解説

単語の頭で息を吐いて話すと相手の聴覚に届く声になる

前ページで単語の頭で息を吐いて話して、相手の記憶に残りやすい声になる練習をしました。日本語の単語はだいたい2文字から6文字でできています。その最初の文字で息を吐くことで、一つひとつの言葉が粒のように立って、相手の聴覚に届く、聞き取りやすい声になるのです。

長い文章を一気に話そうとすると、途中で力んでしまったり、息切れをしたりして、噛んだり、滑舌が悪くなります。でも、長くても短くても**単語の頭で息を吐くことを心がけると、単語の意味が伝わるようになり、文章も流れるように理解してもらえるようになるでしょう。**

さらに強く息を吐くことで、腹式呼吸になりやすいのも大きな利点です。

前ページの息を吐くトレーニングでは8音までの単語を紹介しています。7音、8

音の上級編で息を吐きづらいようなら、2つの単語に分けて息を吐き出します。例えば、前ページで紹介した「かんがえる力」が言いづらかった人は

「**か**んがえる　**ち**から」

のように、「か」と「ち」の2か所で息を吐くようにしてみましょう。

どうでしょう？　流れるように話すことができますよね。慣れてきたら8文字もスラスラと話せるようになります。でも、話すことに慣れていなければ、まずはセンテンスを短くして練習をしましょう。

また、**練習するときには、口の前に手を当てて、発声したときに息が手のひらに当たるのを確認しながら行うことも大事。手のひらに息を感じられなければ、胸式呼吸で話しています。**もう少し強めに息を吐くように心がけてください。

最近増えているオンライン会議や電話で会話をするときには、特に単語の頭で息を強く吐くことを意識しましょう。ぼんやりしていた単語が際立ち、はっきりと相手の聴覚に届く、聞き取りやすい声になりますよ。

STUDY 3 - 2

大切な言葉を印象に残す

プロミネンス（強調）発声

POINT

話すときに大事な部分を伝えたいあまり、そこだけ大きな声を出すのはナンセンス。大きいだけでなく、弱く発声したり、スピードを変えたりすることで、伝えたいことをダイレクトに印象づけることができます。また、単調な調子で話されるよりも、聞き手にとってはずっと興味がわきますから、夢中で話を聞いてくれるようになるでしょう。

プロミネンステクニック

弱くする

「気づかぬうちに　すうっと　消えたんです。
この時間は　しずかに　自習をしましょう。」

罫線部分を小さな声で言うことで、単語の意味を強める。

伸ばす

「そんな　バカな話があってもよいものですか。
時間はまだまだ　たっぷりと　あります。」

罫線部分を伸ばして発音することで、単語の意味を強める。

速く言う

「私の予感が　ぴたりと　当たった。
早く帰りたいので、さっさと　仕事をしている。」

罫線部分だけスピードを速めて発声することで、相手にこちらの
気持ちを強く伝えられる。

大きく言う

「あなたの持っている本来の声は、素晴らしい声です。
幸せでいる秘訣は、相手に共感することです。」

大切な意味を持つ罫線の言葉だけを強調して、言葉の意味を強める。
強調したい部分は、自分が思っている以上に大げさに変えて発音するくらい
が相手にはちょうどよく強調されて聞こえます。

STUDY 3 - 2

解説

テンポや大きさで声に表情を出せば聞き手を飽きさせない

一定のスピードで進む単調な話し方は聞き取りづらく、聞いているほうにとっては、ほぼ子守歌。数分もすれば、頭に話が入ってこなくなって眠くなってしまいます。もちろん、話の内容も記憶に残りません。

逆に、声が大きく、よく通る、聞き取りやすい人の話は、つい耳を傾けたくなります。声が大きいだけで、自信にあふれ説得力があるので、その人に対する信頼感も増すでしょう。

このように、声の大きさは話す人の印象を大きく変えてしまいます。

でも、ただ**声が大きいだけでは、どの単語も目立たなくなり、単調に聞こえてくるでしょう。**そこで役立つのが「プロミネンス（強調）」のテクニック。**言葉に強弱をつけたり、スピードを変えることで、特に意味を持つ大切な言葉だけ強調して、相手に自分の伝えたいことを強調することができるのです。**

そのテクニックにはいろいろな方法があります。

まずは**あえて声を小さく弱くして、声のトーンを抑える方法。**弱めた部分の言葉の意味を強めることができます。すべてを大きな声で話すより、声のトーンを少し抑えて話すと、知的な印象になるというメリットも。

ただし、声を小さくするときにも、腹式呼吸のまま、吐く息の量を減らして声を出すことを忘れないでください。

ほかには、**言葉をゆっくりと伸ばして発音する。**逆に、**スピードを上げて速く言う。などがあります**が、その効果はスピードや大きさを変えた部分が強調されて聞こえることです。

タレントで怪談家の稲川淳二さんの怖い話にはプロミネンスが詰まっています。小さい声、大きな声、ゆっくり、速く、言葉の抑揚や強弱を変えて、より恐怖感があおられて、気づけば話に引き込まれています。怖い話だけではなく、明るい話でも強調テクを使えば、多くの人があなたの話に耳を傾けてくれることは間違いありません。

STUDY 3 - 3

聞き手の気持ちを引き寄せる

間の取り方

POINT

一本調子で早口で話されると、途中で集中力が切れてしまうし、話された内容もほとんど覚えていません。聞く人の興味をもっとわかせる方法が間の取り方です。強調したい言葉の前や、ワンフレーズごとに間を取ることで、相手は次に何を話すの？と話し手の方に意識が集中します。間はほんの１～２秒の短い時間で十分です。

言葉の間に1拍か2拍入れる

「私はあの人が（、）大好き（、）です」

「私はあの人が（、）だ（、）い（、）す（、）き（、）です」

「私はあの人が（、）だ〜い（、）すき（、）です」

「私は（、、）あきたけともこです（、、）よろしくお願いします」

「みなさん（、、）これから話すことは（、、）とても重要です」

次の言葉を強調したいときに役立つのが間。ベースは１秒の間ですが、もっと強調したいときには２秒の間を取ります。

STUDY 3－3
解説

間を取って話すと相手が話に集中してくれる

私が小学生のとき、生徒が教室で騒ぎ出すと「静かにしなさい」と大声で叫ぶのではなく、急に黙り込む先生がいました。ずっと話していた先生が突然黙ると、生徒たちは「どうしたんだろう」と不安になり、教室が静かになるのです。

今思えば、この先生は上手に間を使っていたことがわかります。話している最中に相手の興味がなくなってきたと思ったら、少し沈黙。聞き手は不安になり、あなたの話に集中してくれるでしょう。

また、次に**話すことのインパクトを強めてくれるのも間です。**例えば、

「みなさん！　これから大事なポイントをいいますよ。……（間）……それは……」

といわれると、大事なポイントを聞き逃さないように、次の会話に集中します。このテクニックをうまく使っていたのが、アップル社の創業者であるスティーブ・ジョブ

ズ氏。聴衆の気持ちが自分に集中してきたところで、かなりの間を入れていました。間を上手に使えるようになると、プレゼンやスピーチ、また2人きりの会話の中でも、相手の気持ちをこちらに向けることが簡単にできるようになります。

特に人前で話すときに緊張すると、早口になりがちです。早口になれば言葉も噛みやすいし、滑舌も悪くなります。

そんなときは**「フレーズが途切れるところで、しっかり間を取る」ことに意識を向けて**みましょう。それをすることで緊張していても早口にならず、噛んだり、言い間違えたりすることも少なくなります。

この間を取る長さは、聴衆の人数によって変わります。話を聞いてくれる人が数十人の場合は1秒が目安。ひざをポンとたたく程度の間です。聴衆が100人以上集まる大きな会議や講座なら、2秒くらい間を取っても気になりません。

愛の告白をするような一対一の大事な場面では、**1秒の間が愛の言葉を際立たせます。**もちろん、きっとよい結果になると思いますよ。

STUDY 3 - 4

伝えたい言葉を際立たせる

ハメタメ法

POINT

単語の頭で息を吐く「ハメる」と、伝えたい言葉の前で間を取る「タメる」。この2つの話し方のテクニックを組み合わせた方法が「ハメタメ法」です。会話の中でうまくこのテクニックを使うことで、相手に伝えたい言葉を強く印象づけることができます。慣れないとなかなか難しいのですが、練習あるのみ。これが使えるようになれば話し方上級者です。

強調したい言葉の前で「タメ」続く言葉を「ハメ」る

「では明日の3時半に、(……)

【はらじゅく】駅の【たけした口】

でお待ちしています」

「このサプリメントは、(……)

【びよう】と【けんこう】に

最適です」

重要な単語の頭で息を吐く＝ハメる、重要が単語の前に間を取る＝タメるを組み合わせて会話ができるようになればプレゼン上級者。

STUDY 3 - 4

解説

大事なことを言うときは「ハメる」と「タメる」を使い分ける

相手の印象に残りやすい話し方の裏ワザが「ハメタメ法」です。126ページで、強調したいポイントを印象づける方法として、**「単語の頭で息を吐く」発声法**を紹介しました。

この発声法を**ボイストレーニングでは、「ハメる」と言います。**

また、136ページでは**大事な言葉を言う前に、少しだけ間をあけるテクニック**を紹介しました。**これを「タメる」と言います。**

この「ハメる」と「タメる」を組み合わせることで、より相手の印象に残りやすくする話し方が「ハメタメ法」なのです。

では前ページの例題を、一気に読んでみてください。

「では明日の3時半に、原宿駅の竹下口でお待ちしています」

普通に読んだだけでは、聞き流されてしまい、伝えなければいけない大事なポイントが相手の記憶に残らない可能性があります。

そこで、「ハメタメ法」の出番です。もっとも伝えたい原宿駅の前に間を取り＝タメる、「はらじゅく」と「たけした口」の単語の頭で強く息を吐く＝ハメると、を組み合わせることで、相手の印象に残りやすくなるのです。

ただし、この話し方はあまり使いすぎると効果が半減してしまいます。普通の会話で「ハメタメ法」を意識しすぎると、不自然な印象を与えたり、伝えたい言葉がほかの言葉にまぎれてしまって、相手の印象に残らないという、本末転倒な状態に陥ってしまうこともあるので要注意。

「ハメタメ法」は「これだけは伝えたい」「ここだけは理解してほしい」という重要なポイントに絞って使うことで、その効果を存分に発揮することができます。

STUDY 3 - 5

3つの発声法で自分の印象を自在に変える

動物の鳴きマネ トレーニング

POINT

声の高さは、響かせる場所によって変えることができます。牛の鳴き声「モォー」のように胸で響かせれば低い声に。やぎの鳴き声「メェー」は鼻に響かせるように発声。一般的な聞きやすい音程になります。なかなか使うシーンは少ないかもしれませんが、甘え声を出すときには頭頂に向かって響かせる仔猫の鳴き声「ミー」。3つの音程を使い分けてみましょう。

動物の鳴きマネで声の高低を操る

チェストボイス（牛の鳴き声）
胸に手を当ててそこに
響かせるように
腹式呼吸で「モォー」と鳴く。

ノーズボイス（やぎの鳴き声）
鼻の奥に響かせるように
「メェー」と鳴く。

ヘッドボイス（子猫の鳴き声）
「ミィー」と頭に響かせる
ように声を出す。

響かせる場所によって声の高さをコントロールする練習。もっと簡単に声を高くしたい場合は笑顔で話すだけで声は高くなります。

STUDY 3 - 5

解説

音を響かせる場所を変えてTPOに合わせた声を出す

声の高さによって印象はガラリと変わります。例えば、低い声なら「頼りがいがありそう」ですし、高い声なら「かわいい」と思われるでしょう。それがわかっていても声の高さを変えるのは難しいと思うかもしれません。でも本書の声トレのテクを使えば今すぐ簡単に変えられます。

いちばん簡単な方法は、Chapter1で紹介した腹式呼吸を徹底すること。「声が高め」という男性が腹式呼吸のトレーニングをすると、声が低くなることがよくあります。この場合、間違った発音で声が高くなっていただけで、実はもともとは低めのモテ声だった可能性が高いのです。

自分が本来持っているよく通る声を出すには、男女ともに腹式呼吸発声が絶対条件です。そのうえで、話す相手やシーンによって声の高さを使い分けます。そのために役立つのが、音の高さを変える「動物の鳴きマネ」の発声法です。

声の出し方は音を響かせる場所によって、「チェストボイス＝牛」「ノーズボイス＝やぎ」「ヘッドボイス＝仔猫」の3つに分けられます。

低い声を出したいときは、**胸のあたりで牛の鳴き声で「モォー」と音を響かせる「チェストボイス」。**相手に安心感を与えながら説得力のある声になるので、ビジネスシーンで大活躍します。

次に鼻の奥のほうでやぎの鳴き声で「メェー」と響かせる「ノーズボイス」。チェストボイスより少し高い音で、明るい声になります。普段、意識をしていないと、この高さで話している人が多いと思います。

そしてもっと高い声を出すときに使うのが「ミィー」と仔猫の声を出す**「ヘッドボイス」。頭頂に音を響かせ、そこから遠くに音を投げるように発声**します。特にワイワイガヤガヤしているところで声を響かせるときに使うと効果的です。

人の心をつかんで離さない！
すぐに使えるトークテクニック集

ここまでに相手の印象に残る声になる方法を紹介してきました。発声法以外にもテクニックがあります。ここでは、今すぐ使えて、もっと人間関係がよくなる簡単なトークテクニックを紹介しましょう。

・謝るときは語尾を飲み込む

身近な家族に「ごめん」というときから、仕事で失敗して謝罪するなど、日常生活で謝るシーンがあります。そんなときにすんなり許してもらえる方法が、謝るときに語尾を飲み込むこと。「申し訳ありませんでした」「ご心配をおかけしました」など、謝罪の言葉の語尾をだんだん小さく、飲み込むように話します。また、より反省している感じを出すために、口角を下げて話すとよいでしょう。

・強調したいときはワンフレーズごとにひざを叩く

136ページで間の取り方をお伝えしましたが、緊張しているプレゼンや面接のときには、自分が早口になっていることにさえ気づきません。そこで、役立つのが意識的にひざを叩くこと。強調したいところでは、フレーズごとにひざをポンッと1回叩いて間を取ります。ひざを1回叩くと約1秒の間があくはずです。もっと強調したい言葉の前では、ひざを2回叩きましょう。ひざを叩いて正しい間を取ることが話をするときのペースメーカーになり、早口の防止にも役立ちます。

・相手のスピードに合わせて話す

相手のペースに合わせて話すことを「ペーシング」と呼びます。ゆっくりしたスピードで話す人にいきなり早口で話せば、相手の混乱を招きます。逆もまた同じ。そこで、話すときには、相手の声をよく聞いて、話すスピード、声の大きさ、そして、身振り手振りなどを観察します。そのためには、まず自分が話すことよりも、相手の話をよく聞くことが重要です。そのうえで、相手に合わせた話し方をすると一体感が生まれ、相手が心を開き、たくさん話をしてくれるようになります。

Chapter 3

まとめ

- 単語の頭で強く息を吐いて話すと、言葉が相手の印象に残る

- 言葉のテンポや大きさを変えると、大事なフレーズを強調できる

- 声のトーンや抑揚を変えるだけで、相手の興味を引き出せる

Chapter 4

お願いごと、
叱る・ほめる、恋愛、
子どもへの声かけ
シーン別　声テク

声の高さをTPOで使い分ければモテも、仕事もうまくいく

声が低いと落ち着いている雰囲気に、声の高い人はかわいい雰囲気に感じないでしょうか？　このように、声の高さで人の印象は大きく変わります。

例えば、ビジネスシーンでは声が高いと、多くの人が頼りないと感じてしまうでしょう。実際に調査結果でも、それが証明されています。アメリカのデューク大学が792人の最高経営責任者（CEO）の男性を対象に、その声の高さと年収、会社の規模を調査しました。その結果、低い声のCEOは、そうでないCEOよりも年収が18万7000ドルも多く、会社の規模も大きく、長い間、トップの座についていたということがわかったそうです。ビジネスでは声の低い人のほうが頼りにされ、収入増に結びついていることが、この報告からわかります。

女性の場合も同じです。地声の高い女性経営者の方が、部下の信頼を得るために声を低くしたいと相談に来ました。ボイトレで声を1～2音低くしただけで、取引先や

女性と男性の声をピアノの鍵盤で表すと

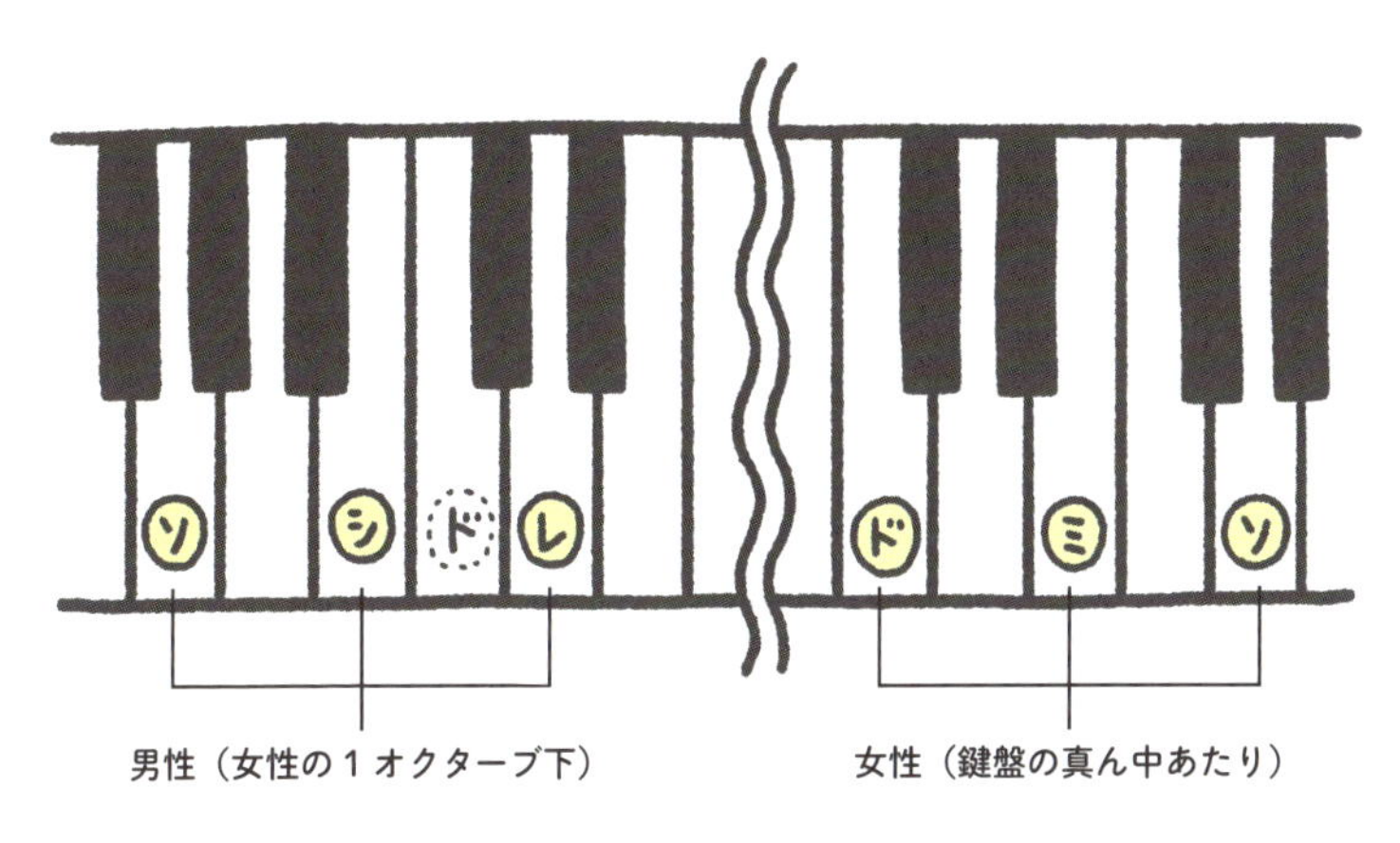

ピアノアプリなどを使って、普段の自分の声がどの音なのかをチェックしてみましょう。

部下からの自分に対する対応が変わったそうです。

一方で、婚活となると、少し高めの声の女性のほうが「かわいい」「安心感がある」と人気。仕事や恋愛、それぞれ**TPOによって声を使い分けることができれば、ビジネスも恋もうまくいく可能性が高くなります。**

具体的にはビジネスでも恋愛でも威力を発揮する女性のモテ声は、「レ」「ミ」くらい。それより低いとセクシーに、それより高いとかわいいイメージになります。

男性のモテ声は女性より1オクターブ下の「ミ」「ファ」。イケオジといわれる俳優さんは、みなさんこの音域の声の方々です。

声で相手を変える

SCENE 1

初対面で契約を決める

笑顔の腹式呼吸発声で初対面から信頼される人になる

多くの人が自分の声は変えられないと思っていますが、その場に応じて、声を使い分けるのは簡単。そして声を変えるだけで驚くほど物事がスムーズに進みます。

まずは本書でも何回も登場している、初対面で相手の印象に残る方法。ここでは初対面で契約を決めるやり方を教えましょう。私は勉強のため、異業種交流会によく参加します。そこではじめて出会った方がクライアントになるケースが多いのです。そのとき、みなさんおっしゃるのが、「声がダントツによく記憶に残った」「この人なら信頼できると思った」というおほめの言葉。もちろん、これも私の声出しテクニックの成果です。初対面で私が気をつけているのは、**「腹式呼吸で話す」「口角を上げてにこっと笑う」「2音~7音で区切って話す」「単語の頭で息を吐く」**ことです。どれも今までみなさんにお伝えした方法ですよね。初対面で契約を取りたいなら、これを守るだけでOK。今までとは違う、大きな成果が得られると思います。

声で相手を変える

SCENE 2

子どもに言うことを聞かせる

普段より2音高い声で話すと子どもが話を聞く

私のクライアントには幼稚園や小学校の先生も実は多いのです。先生たちは子どもに言うことをきかせるのに必死で、喉を痛めている方が多くいます。

そんな方に私がアドバイスするのは、高めの音で大きな声を出す方法。音域で言うと「ド」ではダメ。「ミ」か「ファ」くらいの高い声で話します。子どもたちは自然に腹式呼吸で発声していますし、声も高い。その声に対抗するには、**腹式呼吸を徹底して、高い声で話すことがポイント**です。

腹式呼吸で息を吐きながら、P60の「マーライオン発声」で声を高くする練習をします。また、その高い声をキープしたまま、P126で紹介した「単語の頭で息を吐く」の中級編を練習。そして、**口角を上げて話すと高い声が出るように**なります。

親が子どもに言うことを聞かせたいときには、高い声で話してみてください。親の話に注目してくれますよ。

声で相手を変える

SCENE 3

夫婦（親密な関係）間のお願いごと

頼みごとをする側は声を高く末尾に「ねっ⤴」要望を通したい側はハキハキと語尾を上げる

何も手伝ってくれない夫に「ゴミを捨ててきて」というとき、怒った口調になっていないでしょうか？　長年連れ添ってきた夫婦ほど、夫に甘えてかわいい声を出すのが苦手です。でも、目的は夫に家事を手伝ってもらうこと。日頃のイラつきは抑えて、かわいい声を出せば、夫はすぐに手伝ってくれます。**ポイントは「ミ」か「ファ」の高い声で話すこと。そして、語尾に「ねっ⤴」をつけるのも効果的**です。「ゴミを捨ててきてねっ⤴」「食器を洗ってねっ⤴」。「ねっ⤴」がつくだけで、上手に甘えた感じが出せて、お願いされた夫は快く動いてくれると思います。

一方、高額の買い物をしたいなど自分の希望を通したいときは、声を高くする必要はありませんが、無愛想なのはダメ。「ゴルフに行きたいんだけど⤴」「新しいパソコンが買いたいな⤴」、**明るい声で、語尾を上げて話すと、スンナリ希望が叶うでしょう。**声のテクニックを使えば、不満も減って、夫婦仲もよくなりますよ。

声で相手を変える

SCENE 4

上司に不満を伝えたい

言いにくいことも、ゆっくり低めの声で話せば思いが伝わる

昭和の時代は、上司や部活の先輩の言うことは絶対。不満を伝えるなんて考えてもみなかったと思います。でも、時代は令和。上司に思うことがあれば、伝えるのは当たり前の権利です。ただし、その伝え方しだいで、その後の関係に影響を及ぼします。できるだけ上司の気分を害さずに誤解されないように、自分の意見を聞いてもらえるような話し方をすることが重要です。

まず**声は低めの「ド」か「レ」くらいで、あまり大きな声を出さないこと。**もし**謝罪をする必要があれば、「あのときはすみませんでした……」と、語尾を飲み込むように話します。**間違っても「すみませんでしたっ」と語尾を強く、小さな「っ」を入れてはいけません。元気よく謝ってもふざけた印象を与えるだけです。

そして、**腹式呼吸発声で、いつもより少しゆっくりと話すようにします。**真剣な気持ちが伝わり、上司もあなたの声に耳を傾けてくれるでしょう。

声で相手を変える

SCENE 5

部下の信頼を勝ち得たい

叱る、ほめるで声の高さと抑揚を変える

2023年に明治安田生命相互保険会社が発表した理想の上司像アンケートでは、男性はうっちゃんこと内田光良さん、女性は日本テレビアナウンサーの水卜麻美さんが7連覇を達成したそうです。

お二方とも、しっかりとした腹式呼吸でハキハキと通る声。「頼りになりそう」「困ったときに助けてくれそう」というイメージの声をしています。

信頼されるためには、部下と話すときには相手の聴覚に届くように、ゆっくりと腹式呼吸で話すこと。さらに**語尾までしっかり言いきると、言葉に重みが出ます。**

叱るときには少し低めの声で、抑揚をあまりつけずに話しましょう。反対に**ほめるときには、大げさなほど明るい声を心がけます。口角を上げて声のトーンを上げ、表情も明るめに**してください。また、「がんばったね↗」と語尾を少し上げると心から共感している気持ちが伝わります。

声で相手を変える

SCENE 6

婚活を
成功させたい

口角を上げて笑顔で
ゆっくり話すとうまくいく

優秀な眼科の先生（女性）が婚活の相談に来ました。常にマスクをしているので、笑顔をつくるのも下手、声もくぐもって暗い感じの印象。アプリでマッチングして会っても、その声ととぼしい表情で2回目以降に進まなかったのです。

そこで**口角を上げて常に1～1.5音高い声で話す練習**をしてもらいました。口角を上げていれば、自然に笑顔になります。また、**話すときはゆっくりと。**そして声とは関係のない会話術として、初回は自分のことは聞かれるまで話さず、相手の話に終始笑顔でうなづく、スペシャルテクニックも伝えました。

すると一度会った相手からほぼ１００％、また会いたいと連絡があったそうです。

このように婚活では、笑顔で話すことが最も大事。そして、相手を受け入れていますという、ゆっくり、やさしい声のトーンが功を奏します。男性も女性も婚活を成功させたいなら、いざ会うときは笑顔でゆっくりと腹式呼吸で話しましょう。

秋竹朋子

ボイストレーニングスクール「ビジヴォ」代表。
東京音楽大学ピアノ演奏家コースを経て聖徳大学大学院音楽文化研究科卒業。ウィーン国立音楽大学での留学中には、ディヒラー国際音楽コンクールでの受賞ほか受賞歴多数。帰国後「声」「話し方」に問題を抱えるビジネスパーソンや、婚活コンサルほかさまざまな分野で4万人以上の声と話し方を指導し、成功に導く。音楽家ならではの聴力と技術を駆使した、日本初「超絶対音感」によるボイストレーニングが話題を呼び、テレビ番組でも活躍。著書に『話し方に自信が持てる1分間声トレ』(ダイヤモンド社)など。

一瞬で相手を引き込む
奇跡の声トレ

2024年10月8日　第1刷発行

著　者　秋竹朋子
発行人　土屋徹
編集人　滝口勝弘
発行所　株式会社Gakken
〒141-8416 東京都品川区西五反田2-11-8
印刷所　中央精版印刷株式会社

●この本に関する各種お問い合わせ先
本の内容については、下記サイトのお問い合わせフォームよりお願いします。
https://www.corp-gakken.co.jp/contact/
在庫については Tel 03-6431- 1201(販売部)
不良品(落丁、乱丁)については Tel 0570-000577
学研業務センター 〒354-0045 埼玉県入間郡三芳町上富279-1
上記以外のお問い合わせは Tel 0570-056-710(学研グループ総合案内)

©Tomoko　Akitake 2024 Printed in Japan
本書の無断転載、複製、複写(コピー)、翻訳を禁じます。本書を代行業者等の第三者に依頼してスキャンやデジタル化することは、たとえ個人や家庭内の利用であっても、著作権法上、認められておりません。

複写(コピー)をご希望の場合は、下記までご連絡ください。
日本複製権センター https://jrrc.or.jp/　E-mail jrrc_info@jrrc.or.jp
Ⓡ〈日本複製権センター委託出版物〉

学研グループの書籍・雑誌についての新刊情報・詳細情報は下記をご覧ください。
学研出版サイト　https://hon.gakken.jp/